문화

과학

공부
잘하는 아이의
똑똑한 신문
읽기 ②

정치

필요한 것만
OK!

경제

세계

옥효진 지음

한국 최초 노벨 문학상,
한강 작가가 받았다!

○○ 신문

대한민국이 발칵 뒤집혔다!
'비상계엄'이 뭐길래?

KB198240

주니어김영사

"깊이 있는 독서를 통해 생각하는 힘을 길러요."

우리나라는 한글을 사용해요. 세종대왕께서 만드신 한글은 처음 배우는 외국인들도 몇 시간이면 읽을 수 있을 정도로 쉬운 문자예요. 그래서 우리나라의 문맹률은 전 세계적으로 가장 낮은 수준에 속하죠. '문맹'이란 글을 읽거나 쓸 줄 모르는 사람을 의미해요. 즉, 우리나라에서 글을 읽지 못하는 사람의 수는 매우 적다는 뜻이죠. 이 책을 읽고 있는 여러분도 한글을 읽고 쓰는 것이 어렵지 않을 거예요. 하지만 여러분이 읽고 있는 글을 모두 이해하고 있느냐고 묻는다면, 대답은 다를 수 있어요. 한글을 읽을 줄 안다고 해서 한글로 적힌 글의 내용을 모두 이해할 수 있는 것은 아니기 때문이에요.

여러분에게도 글을 읽었지만 그 내용을 이해하지 못했던 경험이 있을 거예요. 수업 중 교과서를 볼 때도 소리 내어 읽을 수는 있지만 단어의 뜻을 이해하지 못하거나, 글의 내용을 파악하지 못한 친구들이 있을 수 있어요. 또 책을 읽으면서 그 책이 전달하고자 하는 바를 이해하지 못한 친구들도 있을 거예요. 학교에서 여러분과 같은 초등학생을 가르치는 선생님도, 글을 읽을 수는 있지만 그 의미를 이해하지 못하는 친구들을 자주 만나곤 해요. 그래서 여러분이 글을 제대로 이해하며 읽기를 바라는 마음으로, 저는 이 책을 쓰기로 결심했어요.

글을 읽는 것과 글을 이해하는 것은 달라요. 선생님은 여러분이 읽은 글을 올바르게 이해하기를 바란답니다. 그래야만 여러분의 학업 실력도 늘고, 무엇보다 이 세상에서 어떤 일들이 벌어지고 있는지 알 수 있기 때문이에요. 그리고 이를 통해 다른 사람의 생각이 아닌, 나만의 생각을 가질 수 있게 돼요. 글을 제대로 읽는다는 것은 글의 내용을 깊이 이해하며 읽는다는 의미이고, 그렇게 읽으면 세상을 보는 시야도 넓어진답니다.

글을 제대로 읽기 위해서는 독서를 많이 하는 것도 물론 중요해요. 하지만 무작정 많은 글을 읽는다고 해서 그 내용을 제대로 이해할 수 있는 것은 아니에요. 많은 양을 읽는 것도 중요하지만, 더 중요한 것은 글을 깊이 있게 읽는 거예요. 이를 위해서는 글을 어떻게 읽어야 하는지 방법을 배우고, 그 방법을 연습하는 과정이 필요해요. 혼자서 깊이 있는 독서를 어려워하는 친구들을 위해 이 책에 글을 제대로 읽고 이해하는 방법을 담았어요. 선생님이 알려 주는 네 가지 방법으로 글을 제대로 읽는 연습을 꾸준히 해 나가기를 바랄게요.

그리고 여러분이 읽을 글은 올해의 흥미로운 소식을 다룬 신문 기사를 바탕으로 준비했어요. 실제 신문 기사는 여러분이 읽기에 너무 어려울 수 있어, 여러분이 쉽게 읽고 이해할 수 있도록 기사의 내용을 다듬어 두었으니, 선생님과 함께 다양한 영역의 기사를 읽어보도록 해요.

뉴스를 흔히 세상을 보는 창이라고 해요. 이 책의 기사를 읽으며 여러분의 시야가 넓어지기를 바라며, 넓어진 세상 속에서 여러분의 생각이 성장하기를 기대합니다.

옥효진 선생님

이 책의 구성과 특징

최신 시사 지식을 차곡차곡!
아이들의 눈높이에 맞춰 쉽고 재미있게 쓴 2024년 최신 뉴스로 시사 지식을 쌓아요.

독해력이 쑥쑥!
4단계 독해 비법을 통해 독해력을 체계적으로 키워요.

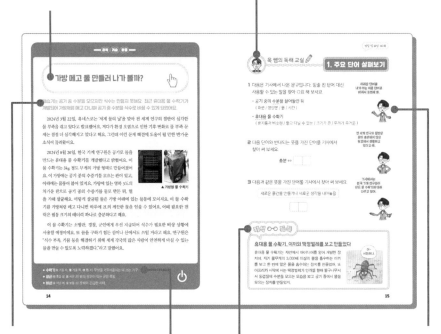

뉴스 읽기 전, 워밍업!
처음 뉴스 읽기를 시작하면 이해하기 어려울 수 있어요. 이해를 돕기 위해 꼭 알아야 할 배경 지식을 넣었어요.

어려운 어휘도 이해가 쏙!
뉴스 속 어려운 어휘는 한자 뜻을 확인하며 쉽게 이해해요.

옥 쌤의 1 대 1 코칭!
글을 읽는다고 해서 독해력이 바로 늘지는 않아요. 헷갈릴 때는 살짝 옥 쌤의 코치를 받아요.

나는 지식 왕!
뉴스 속 지식 외에 알아 두면 좋은 정보로 지식을 넓혀요.

어휘가 머릿속에 쏙쏙!

어휘를 무작정 외우려고만 하면 잘 외워지지 않아요. 그래서 글의 맥락을 통해 어휘를 자연스럽게 익힐 수 있도록 구성했어요.

논술력이 쑥쑥!

찬반 의견이 팽팽한 기사에 대한 나의 의견을 정리하면서 논술력을 키워요.

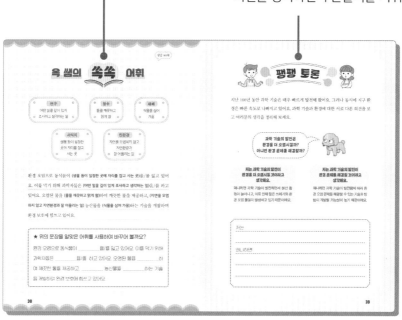

부록으로 더욱 알차게!

뉴스에 사용된 어휘 중 교육부에서 지정한 필수 교과 어휘를 선별해 담았어요.

그리고 뉴스 속 시사 지식을 완전히 내 것으로 만들 수 있도록 워크북에 관련 문제를 제공했어요.

차례

2장 사회 · 정치 이슈

3장 경제 이슈

4장 세계 이슈

5장 문화·예술 이슈

일러두기

● 이 책에 수록된 기사는 2024년 7월부터 12월까지 여러 언론사에서 다룬 기사를 아이들의 눈높이에 맞추어 재구성했습니다.

● 이 책에 수록된 어휘의 뜻풀이와 외래어, 지명 등은 국립국어원의 표준국어대사전을 참고했습니다.

똑똑하게 신문을 읽어요

독해 비법 1 주요 단어 살펴보기

글을 쓸 때는 단어들을 모아 문장을 만들고, 문장을 모아 문단을 만들어요. 그리고 여러 개의 문단이 모여 하나의 글을 이루죠. 반대로 글을 이해하기 위해서는 문단에 사용된 문장들을 이해해야 하고, 문장을 이해하기 위해서는 단어를 이해해야 해요. 글에 쓰인 중요한 단어들을 살펴보면 글쓴이가 왜 글을 썼는지 알 수 있어요.

> 전동 킥보드로 인한 사고가 매우 심각한 수준에 이르렀어요. 경찰청 자료에 따르면, 전동 킥보드와 같은 개인형 이동 장치 관련 교통사고가 최근 5년 사이 5배가 넘게 늘었다고 해요.
>
> ➡ '전동 킥보드'라는 단어가 여러 번 등장하고 있어요. 따라서 이 글은 '전동 킥보드'에 대해 이야기하는 글이에요.

독해 비법 2 문단별 중심 문장 파악하기

여러 개의 문단이 모여 하나의 글을 이루어요. 하나의 문단에는 하나의 중심 생각이 들어 있어요. 문단이 두 개인 글에는 두 개의 중심 문장이 있고, 문단이 세 개인 글에는 세 개의 중심 문장이 있죠. 문단의 처음이나 끝을 잘 살펴보세요. 중심 생각이 자주 등장하는 곳이기 때문이에요. 문단별 중심 문장을 찾으면 내가 읽은 글이 어떤 구조로 이루어져 있는지 이해할 수 있어요.

> 하지만 반대하는 목소리도 높아요. 학생들의 모습이 보디 캠에 허락 없이 담기면 사생활이 침해될 수 있기 때문이에요. 또 학생들이 선생님에게 감시당한다고 느끼면 선생님과 학생 간의 신뢰가 무너질 수 있다는 걱정도 있어요.
>
> ➡ 문단의 처음에 중심 문장이 나타나 있어요. 따라서 이어지는 문장들을 통해 보디 캠 도입에 반대하는 이유가 구체적으로 설명될 것임을 예상할 수 있어요.

독해 비법 3   세부 내용 파악하기

글에서 중심 문장이 글의 뼈대라면, 뒷받침 문장(세부 내용)은 살과 같아요. 뼈만 앙상한 글보다는 살이 적당히 붙어 있는 글이 더 완성도가 높아요. 중심 문장을 뒷받침하는 뒷받침 문장을 통해 글에서 전하고자 하는 내용을 더 자세하고 구체적으로 확인할 수 있어요.

> 먼저 예금은 돈을 한 번에 저축하는 방식으로, ① 보통 예금과 정기 예금이 있어요. ② 보통 예금은 필요할 때 언제든 돈을 찾을 수 있지만, 정기 예금은 6개월, 1년처럼 약속한 기간 동안 돈을 맡겨야 해요. 대신 보통 예금보다 정기 예금의 이자가 더 높고, 맡기는 기간이 길수록 이자를 더 많이 받을 수 있지요.
>
> ➡ ① 중심 문장의 내용을 ② 뒷받침 문장이 더 자세히 설명해 주고 있어요.

독해 비법 4   한 문장으로 정리하기

사람들은 보통 긴 글을 쓰는 것을 어렵게 느껴요. 하지만 글을 길게 쓰는 것보다 더 어려운 것은 글을 짧은 문장으로 나타내는 것이에요. 내가 하고 싶은 말과 전하고 싶은 생각을 짧은 문장에 담는 것은 생각보다 어려운 일이에요. 이는 글의 내용을 모두 이해하고 글을 내 것으로 만들어야 가능한 일이기 때문이에요. 그래서 긴 글을 한 문장으로 정리하려다 보면 글의 내용을 더 잘 이해할 수 있어요.

> 공원이나 강변을 가면 달리는 사람들을 쉽게 볼 수 있어요. 요즘은 20~30대 젊은이들이 무리 지어 함께 달리는 모습도 자주 보이는데, 이렇게 모여 달리는 무리를 '러닝 크루'라고 해요. (중략) 안전하게 러닝을 즐기고 다른 사람들에게 피해를 주지 않으려면 서로를 배려하는 러닝 문화가 자리 잡아야 해요.
>
> ➡ 이 글의 내용을 한 문장으로 정리하면 '요즘 러닝 크루가 유행하고 있으며, 러닝을 즐기면서 타인에게 피해를 주지 않으려면 배려가 필요하다.'라고 할 수 있어요. 이러한 내용을 바탕으로 '러닝 크루 열풍, 배려가 필요해요!'와 같은 글의 제목을 만들 수 있죠.

신문을 읽으면서 생각을 넓혀요

생각 넓히기 1 적용 및 추론하기

글에서 찾을 수 있는 여러 단서와 내가 이미 알고 있는 지식을 활용해 글에 나타나지 않은 새로운 내용을 생각해 내는 것을 '추론'이라고 해요. 추론하면서 글을 읽으면, 글에 쓰인 내용만 읽는 것보다 훨씬 더 깊이 글의 내용을 이해할 수 있어요. 그리고 글에서 읽은 내용을 다른 곳에 적용하는 것도 가능해져요.

> 검은색 플라스틱의 난연제는 입으로 들어오거나 가열될 때 호흡기로 들어와 우리 몸에 해로운 영향을 미친다고 해요.
> 연구 단체는 플라스틱 대신 다른 재료로 만든 제품을 사용하고, 주방 도구는 스테인리스 제품으로 바꾸라고 권했어요.
>
> ➡ 이 문장을 읽고 플라스틱과 스테인리스 중에서 어떤 재료가 우리 몸에 더 안전한지 추론할 수 있어요.

생각 넓히기 2 기사에 대한 나의 생각 정리하기

글을 읽을 때는 단순히 글자만 읽어서는 안 돼요. 글의 내용을 이해하고 내 것으로 만들어야 하죠. 글의 내용을 온전히 내 것으로 만들면, 그에 대한 나의 생각을 이야기할 수 있게 돼요. 글쓴이의 생각에 동의할 수도 있고, 다른 생각을 가질 수도 있죠. 그리고 나의 생각에 대한 근거도 제시할 수 있게 돼요. 그래서 글을 많이 읽는 것은 나의 생각의 깊이, 즉 생각하는 힘을 키우는 것이에요.

> 이렇게 찬성과 반대 의견이 팽팽한 가운데, AI 디지털 교과서 도입이 눈앞에 다가왔어요. 교육부는 다양한 의견을 검토하고 부족한 점을 보완해 철저히 준비하겠다고 했어요.
>
> ➡ 글에는 찬성하는 사람과 반대하는 사람의 의견이 모두 담겨 있어요. 글을 읽으며 AI 디지털 교과서 도입에 대해 나의 생각은 어떤지 고민해 볼 수 있어요.

1장
과학·기술·환경 이슈

가방 메고 물 만들러 나가 볼까?

제습기는 공기 중 수분을 모으지만 식수는 만들지 못해요. 최근 휴대용 물 수확기가 개발되어 가방처럼 메고 다니며 공기 중 수분을 식수로 바꿀 수 있게 되었어요.

2024년 3월 22일, 유네스코는 '세계 물의 날'을 맞아 전 세계 인구의 절반이 심각한 물 부족을 겪고 있다고 발표했어요. 게다가 환경 오염으로 인한 기후 변화로 물 부족 문제는 점점 더 심각해지고 있다고 해요. 그런데 이런 문제 해결에 도움이 될 만한 반가운 소식이 들려왔어요.

2024년 8월 20일, 한국 기계 연구원은 공기로 물을 만드는 휴대용 물 **수확기**를 개발했다고 밝혔어요. 이 물 수확기는 3kg 정도 무게의 가방 형태로 만들어졌어요. 이 가방에는 공기 중의 수분을 모으는 판이 있고, 아래에는 물통이 붙어 있지요. 가방에 있는 영하 3도의 차가운 판으로 공기 중의 수증기를 물로 만든 뒤, 열

▲ 가방형 물 수확기

을 가해 **살균**해요. 이렇게 살균된 물은 가방 아래에 있는 물통에 모이지요. 이 물 수확기를 가방처럼 메고 다니면 하루에 2L의 깨끗한 물을 얻을 수 있어요. 이때 필요한 전력은 필통 크기의 배터리 하나로 충분하다고 해요.

이 물 수확기는 소방관, 경찰, 군인에게 우선 지급되어 식수가 필요한 **비상** 상황에 사용할 예정이에요. 또 물을 구하기 힘든 섬이나 산에서도 쓰일 거라고 해요. 연구원은 "식수 부족, 가뭄 등을 해결하기 위해 세계 각국의 많은 사람이 안전하게 마실 수 있는 물을 만들 수 있도록 노력하겠다."라고 말했어요.

- **수확기**(收 거둘 수, 穫 거둘 확, 機 틀 기) 무엇을 거두어들이는 데 쓰는 기구.
- **살균**(殺 죽일 살, 菌 세균 균) 병의 원인이 되는 균을 죽임.
- **비상**(非 아닐 비, 常 보통 상) 뜻밖의 긴급한 사태.

정답 및 해설 162쪽

옥 쌤의 독해 교실 ✏️

1. 주요 단어 살펴보기

1 다음은 기사에서 나온 문구입니다. 밑줄 친 단어 대신 사용할 수 있는 말을 찾아 ○표 해 보세요.

어려운 단어를 내가 아는 쉬운 단어로 바꿔서 표현해 봐.

• 공기 중의 <u>수분</u>을 모으는

(화분 / 영양분 / 물 / 시간)

• <u>휴대용</u> 물 수확기

(휴지통과 비슷한 / 들고 다닐 수 있는 / 크기가 큰 / 무게가 무거운)

전 세계 인구의 절반은 물이 충분하지 않은 환경에서 생활하고 있다고 해.

2 다음 단어와 반대되는 뜻을 가진 단어를 기사에서 찾아 써 보세요.

충분 ⇔ ☐☐

3 다음과 같은 뜻을 가진 단어를 기사에서 찾아 써 보세요.

새로운 물건을 만들거나 새로운 생각을 내어놓음

☐☐

기사에서는 한국 기계 연구원이 만든 물 수확기에 대해 다루고 있어.

지식 ○-○ 톡톡

휴대용 물 수확기, 이끼와 딱정벌레를 보고 만들었다

휴대용 물 수확기는 자연에서 아이디어를 얻어 개발한 장치야. 자기 몸무게의 3,000배 이상의 물을 흡수하는 이끼를 보고 한 번에 많은 물을 흡수하는 장치를 만들었어. 또 아프리카 사막에 사는 딱정벌레가 안개를 향해 물구나무서서 등껍질에 수분을 모으는 모습을 보고 공기 중에서 물을 모으는 장치를 만들었지.

아~ 시원하다.

우주복 입으면 소변은 어떡하나? 이제 식수로 바꾼다!

공상 과학 영화 '듄'에는 땀이나 소변 같은 사람의 몸에서 나오는 수분을 식수로 바꿔 주는 옷이 등장해요. 그런데 이 옷이 실제 우주복으로 개발되고 있어요.

우주 비행사들은 우주복을 입고 작업할 때 소변이 마려우면 어떻게 할까요? 우주복은 무게가 100kg을 넘고 구조가 복잡해 입고 벗는 데만 한 시간이 걸려요. 게다가 우주에서 우주복을 벗으면 생명이 위험해질 수도 있지요. 그래서 지금까지 우주 비행사들은 성인용 기저귀를 착용해 소변을 해결했어요. 그런데 이런 불편한 우주복을 입어야 했던 우주 비행사들에게 기쁜 소식이 전해졌어요.

2024년 7월 12일, 미국 코넬 대학교 연구팀은 영화 '듄'에서 아이디어를 얻어 새로운 우주복을 개발했다고 발표했어요. 이 우주복은 영화에서처럼 소변을 식수로 바꿀 수 있는 장치를 갖추고 있어요. 그 과정을 살펴보면 먼저 우주복 바지 안에 있는 실리콘 컵으로 모은 소변이 호스를 통해 우주복 뒤쪽 가방 형태의 **정수** 장치로 전달돼요. 여기서 소변은 2단계 **여과** 과정을 거쳐 깨끗한 물로 변하지요. 정수 장치는 가로 38cm, 세로 23cm의 크기에 8kg의 무게이며, 단 5분 만에 500mL의 소변을 식수로 바꿀 수 있어요. 덕분에 우주 비행사들은 소변을 **위생적**으로 처리하고, 작업을 하는 동안 필요한 식수도 확보할 수 있게 되었어요.

연구팀은 2026년에 달 탐사를 계획 중인 아르테미스 3호 비행사들에게 이 우주복을 제공하는 것을 목표로 하고 있다고 밝혔어요.

- **정수**(淨 깨끗할 정, 水 물 수) 물을 깨끗하고 맑게 함. 또는 그 물.
- **여과**(濾 거를 여, 過 지날 과) 거르는 기구를 써서 액체 속에 들어 있는 침전물이나 입자를 걸러 내는 일.
- **위생적**(衛 지킬 위, 生 살 생, 的 것 적) 건강에 유익하도록 조건을 갖춘. 또는 그런 것.

옥 쌤의 독해 교실 ✏️

1. 주요 단어 살펴보기

1 밑줄 친 '복'과 의미가 다른 '복'이 사용된 단어는 무엇일까요?

> 우주복

① 교복　　② 한복　　③ 환자복　　④ 행복

'복(服)'은 옷을 뜻하는 한자야.

2 기사에서 사용된 '식수'의 뜻을 바르게 설명한 것은 무엇인가요?

> 이 우주복은 영화에서처럼 소변을 <u>식수</u>로 바꿀 수 있는 장치를 갖추고 있어요.

① 더러워서 사용할 수 없는 물
② 나무를 심는 것
③ 소변
④ 먹을 용도로 쓰는 물

소변을 정수 장치로 깨끗하게 처리하는 이유는 무엇인지 생각해 봐.

저녁 ○○ 톡톡

우주복은 왜 흰색일까?

영화나 뉴스에 나오는 우주 비행사들은 왜 대부분 흰색 우주복을 입고 있을까? 그건 흰색이 우주 공간에 쏟아지는 태양빛을 가장 효과적으로 반사하기 때문이야. 이렇게 태양빛을 반사함으로써 우주복 안의 온도가 지나치게 높아지는 것을 막을 수 있지. 또 어두운 우주 공간에서 흰색이 가장 눈에 잘 띄기 때문에 동료들이 쉽게 찾아볼 수 있도록 흰색 우주복을 입는다고 해.

동영상을 휙휙 넘기고, 빨리빨리 넘기면 더 지루하다고?

스마트폰 같은 전자 기기로 동영상을 시청할 때 끝까지 보지 않고 중간에 넘기거나 재생 속도를 빠르게 조정하며 보는 것을 '디지털 스위칭(digital switching)'이라고 해요.

㉠여러분은 스마트폰으로 동영상을 볼 때 어떤 방식으로 보나요? 한 동영상을 끝까지 다 보기도 전에 재미없다고 손가락으로 화면을 휙휙 넘기며 다른 동영상을 찾거나, 재미있는 부분만 보려고 1.5배, 2배로 빠르게 감아 보진 않나요? 그런데 이렇게 하나의 동영상을 처음부터 끝까지 제 속도로 보지 않는 것이 오히려 더 큰 지루함을 느끼게 한다는 연구 결과가 나왔어요.

㉡2024년 8월 19일, 캐나다 토론토 대학교 연구팀은 계속해서 다른 동영상으로 바꾸거나 빨리 감기를 하며 동영상을 보는 '디지털 스위칭'에 대한 연구 결과를 발표했어요. 연구팀은 1,223명을 대상으로 동영상을 보는 방식과 지루함 사이의 관계를 알아보는 실험을 진행했어요. 참가자들은 동영상을 끝까지 제 속도로 보는 것보다 디지털 스위칭을 하는 게 덜 지루할 거라고 **예상**했지요. 하지만 실험 결과는 예상과 달랐어요. 참가자들은 디지털 스위칭을 하며 볼 때보다 하나의 동영상을 처음부터 끝까지 제 속도로 봤을 때 지루함이 덜하고, **시청**한 영상이 더 의미 있게 느껴졌다고 답했어요.

㉢연구팀은 디지털 스위칭이 동영상에 **몰입**하지 못하게 해 내용에 대한 이해를 방해하고, 결국 재미를 떨어뜨린다고 분석했어요. 그리고 영화관에서 영화를 볼 때처럼 스마트폰으로 보는 동영상도 몰입해서 보면 더 큰 즐거움을 얻을 수 있다고 덧붙였지요.

- **예상**(豫 미리 예, 想 생각 상) 어떤 일을 직접 당하기 전에 미리 생각하여 둠. 또는 그런 내용.
- **시청**(視 볼 시, 聽 들을 청) 눈으로 보고 귀로 들음.
- **몰입**(沒 빠질 몰, 入 들 입) 깊이 파고들거나 빠짐.

옥 쌤의 독해 교실 ✏

2. 중심 문장 파악하기

1 기사에서 가장 중요하다고 생각되는 단어 2개를 찾아 ○표 해 보세요.

중요한 단어일수록 글에서 자주 사용돼.

- 스마트폰
- 디지털 스위칭
- 동영상
- 영화관

2 다음은 ⓒ 문단의 중심 문장을 정리한 내용입니다. 빈칸을 채워 문장을 완성해 보세요.

중심 문장은 글의 처음이나 마지막에 쓰인 경우가 많아.

참가자들은 하나의 동영상을 처음부터 끝까지

☐☐☐로 봤을 때 지루함을 덜 느끼고,

시청한 영상이 더 ☐☐ 있게 느껴졌다고 답했다.

지식 ○○ 쏙쏙

15분 이상 집중하지 못하는 '쿼터리즘'? 이젠 10분 집중도 어려워

동영상을 제대로 못 보고 디지털 스위칭을 하는 것은 '쿼터리즘'과 관련이 있어. 쿼터리즘은 4분의 1을 뜻하는 '쿼터(quarter)'에서 나온 말로, 1시간의 4분의 1인 15분 이상 어떤 일에 집중하기 힘든 현상을 뜻해. '쇼츠'처럼 짧은 동영상에 익숙해진 사람들은 이제 쿼터리즘은 물론이고 동영상이 10분만 넘어도 집중하기 어렵다고 해.

서울에 '바나나' 열렸다! 한국은 이제 열대 기후?

바나나는 무덥고 습한 환경에서 잘 자라기 때문에 인도와 필리핀 같은 열대 기후 지역에서 주로 재배돼요. 특히 27도에서 38도 사이의 기온에서 가장 잘 자라요.

㉠2024년 7월, 서울 노원구의 한 주말농장에서 바나나가 열렸다는 소식이 전해졌어요. **열대** 과일인 바나나는 비닐하우스나 온실이 아니면 **온대** 기후인 우리나라에서 자라지 못했어요. 그런데 서울의 **노지**에서 바나나가 열린 건 매우 신기한 일이었지요. 농장 주인은 10년 전, 우리나라 노지에서 바나나가 자랄 수 있을지 궁금해 나무를 심었고, 겨울에는 어린 순을 온실로 옮겨 키우는 작업을 반복했어요. 그러다 올해 드디어 바나나가 열린 거예요.

㉡서울에서 바나나가 열린 까닭은 지구 온난화로 인한 기후 변화 때문이에요. 기상청에 따르면, 2023년 우리나라 연평균 기온은 13.7도로 1973년 이래 가장 높았어요. 그리고 2024년 여름 평균 기온은 25.6도까지 올라 여름철 최고 기록을 세웠어요. 게다가 서울의 열대야도 34일이나 이어졌지요. 이렇게 기온이 높아지면서 바나나가 서울에서도 자랄 수 있게 된 거예요. 이뿐만 아니라 제주도에서는 우리나라에서 재배가 어려웠던 올리브를 노지에서 기를 수 있게 되었고, 남부 지방에서는 애플망고를 비롯한 다양한 열대 과일들도 생산되고 있어요.

㉢하지만 서울에서 바나나가 자랄 정도로 급격한 기후 변화에 대한 걱정도 커지고 있어요. 농장 주인은 "수치로만 보던 우리나라의 기온 상승을 눈으로 확인한 것"이라면서 빠르게 변하는 환경에 대응하기 위해 모두가 노력해야 한다고 말했어요.

- **열대**(熱 더울 열, 帶 띠 대) 월평균 기온 18도 이상인 적도 근처의 매우 덥고 비가 많이 오는 지역.
- **온대**(溫 따뜻할 온, 帶 띠 대) 열대 기후보다 기온이 낮고 비가 적게 오며 사계절이 뚜렷한 지구의 중위도 지역.
- **노지**(露 드러낼 노, 地 땅 지) 지붕 같은 것으로 덮거나 가리지 않은 땅.

정답 및 해설 162쪽

 옥 쌤의 독해 교실 ✏️

2. 중심 문장 파악하기

1 다음 중 ⓒ 문단에서 가장 중요한 문장은 무엇인가요?

글을 쓸 때 하고 싶은 말을 먼저 쓰고 그다음에 뒷받침이 되는 문장을 덧붙이기도 해.

① 서울에서 바나나가 열린 까닭은 지구 온난화로 인한 기후 변화 때문이다.

② 기상청에 따르면, 2023년 우리나라 연평균 기온은 13.7도로 1973년 이래 가장 높았다.

③ 2024년 서울의 열대야가 34일이나 이어졌다.

④ 남부 지방에서는 애플망고를 비롯한 다양한 열대 과일들이 생산되고 있다.

2 다음은 ⓒ 문단의 중심 문장을 정리한 내용입니다. 빈칸을 채워 문장을 완성해 보세요.

글쓴이가 바나나 이야기를 통해 사람들에게 전하고 싶은 게 뭔지 한 번 생각해 봐.

서울에서 바나나가 자랄 정도로

급격한 [ ][ ] [ ][ ]에 대한

걱정이 커지고 있다.

지식 ○-○ 쏙쏙

바나나 자라는 한국, 사과는 사라지나?

우리나라 기온이 높아지면서 원래 사과 재배로 유명했던 대구와 경북 지역에서는 사과나무의 수가 점점 줄어들고 있어. 대신 기온이 더 낮은 강원도에서 사과 재배 면적이 세 배 이상 늘어났다고 해. 이는 사과가 비교적 서늘한 기온에서 잘 자라기 때문이야. 앞으로도 기온이 계속 높아진다면 미래에는 우리나라에서 사과를 재배하기 어려워질 수도 있다고 해.

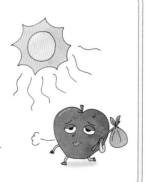

뇌 속에 칩을 넣으면 생각만 해도 글이 써진다고?

뇌와 기계를 연결해 생각으로 기계를 조작하는 기술을 '뇌-기계 인터페이스'라고 해요. 2024년 1월, 뇌에 칩을 심어 생각으로 화면 속 마우스를 움직이는 실험에 성공했어요.

누리는 선생님이 내 주신 글짓기 숙제를 하느라 끙끙대고 있어요. 머릿속에는 쓰고 싶은 내용이 가득한데, 글이 도무지 써지지 않는 거예요. 누리는 생각했어요. '머리를 컴퓨터에 연결해서 내 생각이 자동으로 써지면 얼마나 좋을까?' 그런데 누리의 바람대로 생각만으로 글을 쓸 수 있는 날이 점점 가까워지고 있어요.

2024년 8월 26일, 스위스의 로잔 연방 공과 대학교 연구진이 뇌 신호를 글로 바꿔 주는 칩을 개발했다고 발표했어요. '마이크로 뇌-기계 인터페이스', 줄여서 'MiBMI'라고 불리는 이 칩은 쌀알만 한 크기(8mm²)예요. 이 칩을 뇌에 심거나 몸에 착용하는 장비에 붙이면 컴퓨터를 따로 연결하지 않고도 생각을 글로 옮길 수 있어요. 사람이 어떤 글자를 상상하면 뇌에서 독특한 신호가 나오는데, 칩이 이를 감지해 생각한 글자를 찾아내는 방식으로 작동해요. 다른 뇌 신호에는 반응하지 않고 글자에 해당하는 신호만 찾아내기 때문에 전력 소모가 적고 정확도도 높아요. 연구진은 지금까지 글자 31개를 해독하는 데 성공했고, 정확도는 91%라고 밝혔어요. 이 기술은 몸을 움직일 수 없는 환자들이 의사를 표현하는 데 큰 도움이 될 수 있다고 했지요.

하지만 이 기술은 아직 사람을 대상으로 실험하지 못했어요. 지금은 머릿속으로 떠올린 글자를 찾아내는 수준이지만, 기술이 더 발전하면 생각만으로 글을 쓸 수 있는 날이 올 수도 있어요.

- **감지**(感 느낄 감, 知 알 지) 느끼어 앎.
- **정확도**(正 바를 정, 確 굳을 확, 度 정도 도) 바르고 확실한 정도.
- **해독**(解 풀 해, 讀 읽을 독) 어려운 문구 등을 읽어 이해하거나 해석함.

정답 및 해설 162쪽

 옥 쌤의 독해 교실

3. 세부 내용 파악하기

1 'MiBMI'에 대한 설명으로 <u>틀린</u> 것은 무엇인가요?

① '마이크로 뇌-기계 인터페이스'를 줄인 말이다.
② 스위스에서 만들어졌다.
③ 지금까지 글자 31개를 해독하는 데 성공했다.
④ MiBMI의 정확도는 99%이다.

두 번째 문단에서
MiBMI에 대해
자세히 설명하고 있어.

2 'MiBMI'가 작동하는 원리를 설명한 것입니다. 기사에서 알맞은 단어를 찾아 문장을 완성해 보세요.

MiBMI가 무엇을
감지해 생각한 글자를
찾아내는지, 기사를
잘 살펴봐.

> 사람이 어떤 글자를 상상하면
> ☐에서 독특한 ☐☐가 나오는데,
> 칩이 이를 감지해 생각한 글자를 찾아낸다.

지식 ○○ 쏙쏙

뇌 칩 기술의 최종 목표, 사람 뇌를 로봇에 다운로드하는 것일까?

일론 머스크가 만든 회사인 '뉴럴링크'는 뇌에 칩을 심는 기술로 마비 환자의 의사소통을 돕고, 뇌 관련 질병을 치료하기 위한 연구를 하고 있어. 일론 머스크는 이 기술이 발전하면 사람의 뇌를 로봇이나 컴퓨터에 다운로드할 수 있을 거라고 해. 마치 영화처럼 사람이 컴퓨터나 로봇 형태로 영원히 살게 되는 거지. 정말 이런 일이 가능할까?

고질라 젓가락, 우주선 로켓을 잡았다!

'고질라'는 영화에 나온 공룡처럼 생긴 거대한 괴물이에요. 스페이스X는 이를 본떠 우주선 발사대의 이름을 '메카질라'라고 지었어요. 이 발사대에는 '젓가락'이라 불리는 거대한 로봇팔도 달려 있어요.

영화나 뉴스에서 우주선이 발사되는 장면을 본 적 있나요? 우주선이 불꽃을 뿜으며 발사되고 우주에 들어서면 길쭉한 로켓이 떨어져 나가는데, 이를 '부스터'라고 해요. 부스터는 우주선이 지구를 벗어나 우주로 나아가도록 돕고, 임무를 다한 뒤 우주선을 가볍게 하려고 분리돼요. 예전에는 분리된 부스터가 바다에 떨어져 그대로 버려졌지만, 요즘에는 일정한 곳에 떨어지게 해 다시 가져다 쓰기 시작했어요. 하지만 그 과정에서 망가져 제대로 활용하기 어려운 경우가 많았지요. 그런데 최근, 부스터를 고스란히 **회수**하는 데 성공했다는 소식이 전해졌어요.

2024년 10월 13일, 미국의 기업 스페이스X는 대형 우주선 '스타십'을 발사하면서 부스터 로켓 '슈퍼헤비'를 회수했어요. 스타십이 우주로 떠난 뒤 떨어져 나온 슈퍼헤비는 서서히 **후진**해 7분 만에 발사대 '메카질라'로 돌아왔지요. 이때 메카질라의 로봇팔이 공중에서 슈퍼헤비를 정확히 잡아냈어요. 마치 고질라가 젓가락으로 로켓을 잡는 듯한 장면이었어요. 세계 최초로 부스터 회수에 성공한 순간을 본 사람들은 **환호성**을 질렀어요.

이번 부스터 회수 성공을 계기로 발사 비용과 발사에 드는 시간을 크게 줄일 수 있게 되었어요. 스페이스X는 이 기술을 2026년 아르테미스 3호 달 탐사 임무에서 달 착륙선으로 사용될 스타십에 활용하겠다고 밝혔어요.

- **회수**(回 돌아올 회, 收 거둘 수) 도로 거두어들임.
- **후진**(後 뒤 후, 進 나아갈 진) 뒤쪽으로 나아감.
- **환호성**(歡 기쁠 환, 呼 부를 호, 聲 소리 성) 기뻐서 크게 부르짖는 소리.

정답 및 해설 162쪽

옥 쌤의 독해 교실 ✏️

3. 세부 내용 파악하기

1 기사를 읽고 알맞은 말에 ○표 해 보세요.

- 부스터는 우주선이 (지구 / 우주)를 벗어나
(지구 / 우주)로 나아가도록 돕는 역할을 한다.
- 부스터는 임무를 다한 뒤 우주선을 (가볍게 / 무겁게)
하려고 분리된다.
- (예전에는 / 미래에는) 분리된 부스터를 바다에
(버렸다 / 버릴 것이다).

첫 번째 문단에서는 우주선의 부스터가 무엇이고, 어떤 역할을 하는지 설명하고 있어.

2 기사를 읽고 물음에 답하세요.

- 우주선 '스타십'의 부스터 로켓의 이름은 무엇인가요?

- 우주선 '스타십'이 발사된 발사대의 이름은 무엇인가요?

- 부스터 회수에 성공한 것은 이번이 몇 번째인가요?

[ ] 번째

두 번째 문단에서는 스타십의 발사 장면을 자세히 설명하고 있어.

지식 ○-○ 톡톡

지구에서 가장 큰 우주선 '스타십', 화성행 '우주 버스' 된다

스페이스X가 만든 '스타십'은 길이가 120m로, 지구에서 가장 큰 우주선이야. 최대 100명의 승객을 태울 수 있는 이 우주선은 화성으로 승객과 화물을 운반하는 '우주 버스' 역할을 할 예정이라고 해. 최근 부스터 로켓 회수에 성공하면서 스타십을 더 빨리 여러 번 발사할 수 있게 되었지. 이로써 화성행 우주 버스 스타십의 꿈에 한 걸음 더 가까워졌어.

○○○○, 분홍빛 물결의 습격! ○○ 식물들 밀려날 수도…

생태계에는 다양한 생물이 균형을 이루며 살고 있어요. 그런데 특정 생물이 갑자기 늘어나면 다른 생물의 수가 줄어들어 생태계 균형이 깨지기도 하는데, 이를 '생태계 교란'이라 해요.

 핑크뮬리는 미국에서 들어온 식물로 가을에 꽃이 피면 분홍빛 안개 같은 아름다운 풍경을 만들어요. 2010년대 중반, 제주도의 핑크뮬리밭이 누리 소통망(SNS)을 통해 인기를 끌며 전국으로 퍼졌어요. 그 결과 2019년에는 전국 재배 면적이 축구장의 15배 크기인 11만 2000m² 정도 되었지요. 많은 사람이 분홍빛 물결을 배경으로 사진을 찍으러 핑크뮬리밭에 몰려들었어요. 그런데 환경부는 2019년부터 핑크뮬리를 심지 말라고 권하고 있어요. 아름다운 핑크뮬리를 왜 심지 말라고 하는 걸까요?

 2019년, 국립 생태원은 핑크뮬리가 생명력이 매우 강하고 빠르게 퍼져 우리나라 **토종** 식물을 밀어낼 위험이 크다며 생태계 위해성 2급 식물로 평가했어요. 생태계 위해성 2급 식물은 생물 다양성을 파괴하고 생태계를 **교란**할 위험이 있는 식물이라는 뜻이에요. 이에 환경부는 핑크뮬리 심는 것을 **제한**하며 일부 밭을 갈아엎기도 했어요. 그 결과 핑크뮬리밭 면적은 2023년까지 2만 1987m²로 줄었어요.

 그런데 2024년, 핑크뮬리밭 면적이 2만 4950m²로 다시 늘었어요. 여기에 파악되지 않은 핑크뮬리밭까지 더하면 재배 면적은 더욱 빠르게 늘고 있어요. 이는 관광 수입을 위해 핑크뮬리를 다시 심는 지방 자치 단체가 많아졌기 때문이에요. 하지만 토종 식물을 보호하려면 핑크뮬리 재배를 멈춰야 한다는 목소리가 높아지고 있어요.

● **토종**(土 흙 토, 種 씨 종) 본디부터 그곳에서 나는 씨 또는 씨앗.
● **교란**(攪 어지러울 교, 亂 어지러울 란) 마음이나 상황 등을 뒤흔들어서 어지럽고 혼란하게 함.
● **제한**(制 누를 제, 限 끝 한) 일정한 한도를 정하거나 그 한도를 넘지 못하게 막음.

옥 쌤의 독해 교실 ✏️

4. 한 문장으로 정리하기

1 기사 제목의 빈 곳에 알맞은 단어는 무엇일까요?

[　][　][　][　], 분홍빛 물결의 습격!

[　][　] 식물들 밀려날 수도…

제목만 보고도
글의 내용을 짐작할 수
있어야 해.

2 기사의 내용을 한 문장으로 바르게 정리한 것을
고르세요.

① 핑크뮬리밭이 점점 줄어들고 있어서 걱정하지 않아
도 된다.
② 줄어들던 핑크뮬리밭이 다시 늘어나서 토종 식물을
밀어낼 위험이 커졌다.
③ 핑크뮬리밭이 계속해서 늘어나서 토종 식물이 모두
사라졌다.
④ 핑크뮬리밭이 늘어나면서 토종 식물도 함께 늘어나
고 있다.

기사에서 긍정적인
표현을 사용했는지,
아니면 부정적인 표현을
사용했는지 꼼꼼히
살펴봐.

지식 ○○ 톡톡

우리나라도 외국도 골치 아픈 '생태계 교란종'

외국에서 들어온 황소개구리, 뉴트리아, 미국 가재 같은 생
태계 교란종이 우리 토종 생물을 잡아먹고 생태계를 파괴하
는 것을 막기 위해 환경부가 이 동물들을 잡느라 애쓰고 있
어. 반대로, 한국의 가물치와 말벌은 미국으로 들어가 그곳의
토종 생물을 위협하며 생태계 교란종이 되었대. 이렇게 외국의
동식물이 들어오는 일은 생태계에 큰 위협이 될 수 있어.

한국 말벌
무서워~!

"나와라 가제트 만능 팔!" 새로운 인공 근육으로 실현되나?

만화 영화 '형사 가제트'의 주인공 가제트는 온몸이 로봇인 사이보그예요. 그의 로봇 팔은 길게 늘어나는데, 이런 만화 같은 일이 인공 근육 개발로 현실에 가까워졌어요.

'인공 **근육**'은 사람의 근육처럼 움직이는 기계 장치로, 튼튼하면서도 부드러운 소재로 만들어져요. 이 기술은 로봇이 자연스럽게 움직이도록 돕고, 팔다리가 없거나 마비된 환자들을 위한 로봇 팔다리를 만드는 데 사용돼요. 지금까지의 인공 근육은 부드럽게 움직일 수는 있어도 무거운 물체를 들기에는 부족했어요. 그런데 이런 문제를 해결할 새로운 인공 근육이 개발됐어요.

2024년 10월, 울산 과학 기술원(UNIST) 연구팀은 『네이처 커뮤니케이션스』에 새로운 인공 근육 개발 결과를 발표했어요. 이 인공 근육은 고무처럼 8배 이상 늘어나면서도 자동차 무게를 견딜 만큼 강해요. 이는 인공 근육을 만들 때 쓰이던 모양이 변하는 소재에 자석의 힘을 사용하는 재료를 **결합**해 만든 덕분이에요. 이 근육은 온도가 높아지면 부드러워져 8배 이상 늘어나고, 온도가 낮아지면 딱딱해져 강한 힘을 견딜 수 있어요. 실험 결과, 인공 근육 10g이 자기 무게의 1,000배인 10kg을 견디는 것으로 확인됐어요. 연구팀을 이끈 교수는 이 근육에 대해 "늘어나거나 줄어들고, 굽히거나 비트는 등의 기본 동작부터 물건을 집어 원하는 위치에 놓는 복잡한 동작까지 **원격**으로 조정할 수 있다."라고 설명했어요.

이 새로운 인공 근육은 앞으로 로봇과 의료 기기 등에 활용될 수 있다고 해요. 만화 영화 속 가제트 로봇 팔이 현실이 될 날도 머지않아 보여요.

- **근육**(筋 힘줄 근, 肉 살 육) 힘줄과 살을 통틀어 이르는 말로 동물이 움직일 수 있게 하는 기관.
- **결합**(結 맺을 결, 合 합할 합) 둘 이상의 사물이나 사람이 서로 관계를 맺어 하나가 됨.
- **원격**(遠 멀 원, 隔 사이 뜰 격) 멀리 떨어져 있음.

옥 쌤의 독해 교실

4. 한 문장으로 정리하기

1 '인공 근육'에 대한 정보를 표로 나타낸 것입니다. 표를 완성해 보세요.

기사에서 중요한 내용을 정리하면 문장을 만드는 데 도움이 돼.

인공 근육의 뜻	사람의 근육처럼 움직이는 기계 장치
개발한 곳	울산 과학 기술원 연구팀
늘어나는 정도	☐배 이상
견디는 무게	자기 무게의 ☐☐☐배
활용 방법	☐☐이나 의료 기기 등

2 다음 단어를 사용하여 기사의 내용을 한 문장으로 정리해 보세요.

하나의 문장은 여러 단어로 이루어져. 기사에서 핵심 단어를 골라낸 뒤 이를 바탕으로 문장을 만들어 봐.

> 울산 과학 기술원 연구팀   고무   8배
> 자동차   새로운   인공 근육   개발

_____

_____

지식 ○-○ 쑥쑥

인공 근육, 로봇 표정의 '불쾌한 골짜기'도 극복할까?

사람을 어설프게 닮은 모습을 볼 때 기분이 나빠지는 현상을 '불쾌한 골짜기'라고 해. 로봇이 사람처럼 표정을 짓는 모습을 보면 많은 사람이 이 현상을 경험하지. 2024년 3월, 미국에서는 표정을 만드는 인공 근육과 AI 기술을 결합해 사람이 웃으면 따라 웃는 로봇 '에모'를 개발했어. 과연 에모는 불쾌한 골짜기를 극복할 수 있을까?

멸종 위기 '표범장지뱀', '맹꽁이' 중랑천에 돌아왔다!

'멸종 위기 동물'은 수가 매우 적거나 서식지 파괴와 기후 변화로 멸종될 위험에 처한 동물을 말해요. 세계 자연 보전 연맹이 이를 조사해 목록을 발표해요.

표범 같은 얼룩무늬가 있는 작은 도마뱀 '표범장지뱀'을 본 적 있나요? 또 개구리와 비슷한데 다리가 더 짧고 통통한 모습으로 '맹꽁맹꽁' 울음소리를 내는 '맹꽁이'는

요? 본 적 없는 친구가 많을 거예요. 표범장지뱀과 맹꽁이는 **서식지**가 파괴되면서 우리나라에서 점차 사라지고 있는 **멸종** 위기 동물이거든요. 그런데 서울 중랑천에 이들이 돌아왔다는 반가운 소식이 전해졌어요.

서울시 노원구 중랑천 근처는 서울에서 유일하게 멸종 위기 표범장지뱀이 사는 곳으로, 2016년에 보호 구역으로 지정되었어요. 하지만 다리 공사 등으로 서식지가 훼손되며 2019년 이후 표범장지뱀이 사라졌지요. 이를 복원하기 위해 환경 단체 '중랑천사람들'이 모래 언덕을 만들고 표범장지뱀의 먹이인 귀뚜라미를 풀어놓았어요. 또 조팝나무로 울타리를 만들어 사람들이 들어가지 못하게 했지요. 그 결과 2024년 9월 22일, 5년 만에 표범장지뱀이 2마리 이상 발견되었어요.

또 성동구 중랑천 근처에는 맹꽁이가 돌아왔어요. 이곳은 하천에서 파낸 흙을 쌓아 두던 **황무지**였는데, 환경 보호 단체 '한강'과 자원봉사자들이 맹꽁이가 좋아하는 웅덩이를 만들고 나무를 심었어요. 그 결과 맹꽁이가 웅덩이에 알을 낳고 살게 되었어요.

표범장지뱀과 맹꽁이를 돌아오게 한 사람들은 다른 멸종 위기 동물들도 한강으로 돌아올 수 있도록 노력하고 있다고 해요.

- **서식지**(棲 깃들 서, 息 쉴 식, 地 땅 지) 생물 등이 일정한 곳에 자리를 잡고 사는 곳.
- **멸종**(滅 없앨 멸, 種 씨 종) 생물의 한 종류가 아주 없어짐.
- **황무지**(荒 거칠 황, 蕪 거칠 무, 地 땅 지) 손을 대어 거두지 않고 내버려두어 거친 땅.

 생각 넓히기 ✏️

1. 적용 및 추론하기

1 '맹꽁이'처럼 울음소리로 이름 지어진 동물을 모두 찾아 ○표 해 보세요.

> 귀뚜라미   개구리   흰뱀눈나비
> 이십팔점박이무당벌레   뜸부기

첫 번째 문단에서 동물의 이름을 어떻게 짓는지 살펴보고, 이를 우리 주변의 동물 이름에 적용해 봐.

2 표범장지뱀을 다시 돌아오게 한 방법처럼, 멸종 위기 동물을 보호하려면 어떤 노력이 필요한지 빈 곳에 알맞은 말을 보기에서 찾아 써 보세요.

> 〈보기〉 사람   환경   먹이

• 모래 언덕을 만들었다.

⇨ 멸종 위기 동물이 살 수 있는 ☐☐ 이/가 필요하다.

• 귀뚜라미를 풀었다.

⇨ 멸종 위기 동물이 먹을 수 있는 ☐☐ 이/가 필요하다.

• 조팝나무로 울타리를 만들었다.

⇨ 멸종 위기 동물의 서식지에 ☐☐ 의 출입이 없어야 한다.

글에서 배운 내용을 새로운 사례에 적용해 보는 것이 중요해.

지식 ○○ 톡톡

콘크리트 걷어 내자 멸종 위기 동물들 한강으로 돌아왔다

한강 변에는 자연을 보호하기 위해 만들어진 생태 공원이 많아. 하지만 생태 공원의 강둑에 덧바른 콘크리트 때문에 오히려 동물들이 살 곳을 잃고 사라져 갔어. 이에 콘크리트를 걷어 내고 흙을 드러냈더니 수달, 삵, 황조롱이와 같은 멸종 위기 동물들이 다시 돌아오기 시작했대. 동물을 보호하는 가장 좋은 방법은 그들이 원래 살던 자연환경을 그대로 보존하는 거야.

오늘도 썼는데 어쩌나…, 발암 물질 나오는 검은색 플라스틱

'난연제'는 불에 잘 타지 않게 하는 화학 물질로, 몸에 해로운 성분이 들어 있어요. 주로 가전제품 등에 쓰이지만, 식품 용기와 주방 도구에서 나와 문제가 되었어요.

떡볶이, 돈가스, 초밥 같은 음식을 배달시키거나 포장해 본 적 있나요? 이런 음식은 주로 플라스틱 **용기**에 담아 주는데, 특히 검은색 플라스틱 용기를 많이 사용해요. 그런데 이 검은색 플라스틱에서 건강에 위험한 화학 물질인 '난연제'가 나왔다고 해요.

2024년 10월 5일, 미국의 연구 단체인 '독성 없는 미래'와 네덜란드 암스테르담 자유 대학교가 발표한 연구에 따르면, 검은색 플라스틱 제품 203개 중 약 85%에서 난연제가 나왔다고 해요. 특히 조사된 제품 중 17개에서는 **독성** 수준의 난연제가 발견됐어요. 난연제는 초밥 그릇 같은 음식 포장 용기, 주걱 같은 주방 도구, 장난감 등에서 나왔는데, 우리 몸 속 호르몬처럼 작용해 몸의 균형을 깨뜨리고 암을 **유발**해요. 어린이에게는 성장과 발달에 심각한 문제를 일으킬 수 있지요. 검은색 플라스틱의 난연제는 입으로 들어오거나 **가열**될 때 호흡기로 들어와 우리 몸에 해로운 영향을 미친다고 해요.

연구 단체는 플라스틱 대신 다른 재료로 만든 제품을 사용하고, 주방 도구는 스테인리스 제품으로 바꾸라고 권했어요. 그리고 정기적으로 집 안을 청소하고 환기를 시켜 난연제를 없애라고 했지요. 미국과 유럽에서는 가정용 제품에 난연제 사용을 금지하거나 제한하고 있지만 우리나라는 아직 관련 규정이 없어요. 건강을 위해 되도록 검은색 플라스틱 제품은 사용하지 않는 게 좋겠지요?

- **용기**(容 담을 용, 器 그릇 기) 물건을 담는 그릇.
- **독성**(毒 독할 독, 性 성질 성) 독이 있는 성분.
- **유발**(誘 꾈 유, 發 나타날 발) 어떤 것이 다른 일을 일어나게 함.
- **가열**(加 더할 가, 熱 더울 열) 어떤 물질에 열을 가함.

정답 및 해설 163쪽

 생각 넓히기 ✏️

1. 적용 및 추론하기

1 다음 중 잘못 추론한 것은 무엇일까요?

① 공기 중에는 눈에 보이지 않는 작은 크기의 난연제가 떠다닐 수 있다.

② 스테인리스는 난연제가 없거나 적게 포함되어 있을 것이다.

③ 검은색 플라스틱으로 만든 장난감에는 난연제가 포함되어 있을 것이다.

④ 일본에서는 가정용 제품에 난연제 사용을 금지했을 것이다.

> 글에 직접적으로 드러나 있지는 않지만, 여러 가지 단서를 통해 추론할 수 있는 사실들이 있어.

2 다음 주장을 담은 글을 쓰려고 합니다. 기사에서 알맞은 말을 찾아 근거를 완성해 보세요.

> 논설문을 작성할 때는 신뢰할 수 있는 기사에서 정확한 내용을 참고하는 것이 좋아.

    난연제 사용을 금지해야 한다.

- **근거 1**: 난연제는 우리 몸속 호르몬처럼 작용해 몸의 균형을 깨뜨리고 [　　] 을 유발한다.

- **근거 2**: 난연제는 어린이의 성장과 [　　] 에 심각한 문제를 일으킨다.

- **근거 3**: 세계 여러 나라에서는 난연제 사용을 [　　] 하거나 제한하고 있다.

지식 ○○ 톡톡

왜 하필 '검은색' 플라스틱이 문제가 되었을까?

건강에 해로운 난연제를 일부러 식품 도구나 장난감에 넣는 건 아니야. 문제는 난연제가 쓰이는 전자제품 등의 플라스틱을 재활용해서 제품을 만들 때 난연제가 따라 들어가면서 생겨. 재활용 플라스틱은 보통 검은색으로 만드는 경우가 많아서 검은색 플라스틱에서 난연제가 많이 나오게 돼. 그렇다고 다른 색 플라스틱이 안전하다고 생각할 수는 없어.

김밥 먹고 뻥튀기도 먹고, 칭찬받은 '뻥튀기 접시'

환경에 해로운 영향을 주지 않는 그릇을 '친환경 용기'라고 해요. 이 용기는 종이, 옥수수, 사탕수수, 대나무 등 자연에서 쉽게 분해되는 재료로 만들어져요.

2024년 10월 26일부터 27일까지 경북 김천시에서 열린 '김밥 축제'가 10만 명의 방문객을 맞으며 성공적으로 마무리됐어요. 그런데 이 축제에서 가장 많은 칭찬을 받은 건 김밥이 아니라 뜻밖에도 김밥을 담은 접시였다고 해요.

김천시는 흔히 쓰는 플라스틱이나 스티로폼 **일회용** 접시 대신 특별한 접시에 김밥을 담아 주었어요. 그 접시는 바로 우리가 간식으로 즐겨 먹는 동그란 '뻥튀기' 였지요. 사람들은 김밥을 먹은 뒤 접시로 쓴 뻥튀기까지 맛있게 먹을 수 있다며 좋아했어요. 심지어 뻥튀기를 먹지 않고 버리더라도 옥수수와 쌀 등으로 만든 뻥튀기는 잘 분해되어 자연으로 쉽게 돌아가기 때문에 환경에 전혀 **해**가 되지 않지요. 사람들은 이런 친환경 용기를 생각해 낸 김천시를 높이 칭찬했어요. 김천시는 수십만 개의 플라스틱이나 스티로폼 쓰레기가 나올 뻔한 축제에서 뻥튀기 접시 덕분에 쓰레기를 크게 줄일 수 있었어요.

또 김천시는 떡볶이나 어묵처럼 국물이 있는 음식은 여러 번 쓸 수 있는 그릇에 담아 주었고, 식사 도구는 플라스틱 대신 나무젓가락과 꼬치를 사용했어요. 김밥도 2알, 4알 단위로 조금씩 판매해 음식물 쓰레기를 줄였지요. 테이블과 의자도 재활용이 가능한 골판지로 만들어 환경을 고려했어요. 이런 친환경적 노력이 돋보인 김천시의 축제는 큰 **호응**을 얻었고, 이를 본 다른 지역들도 친환경 축제를 준비 중이라고 해요.

● **일회용**(一 하나 일, 回 돌아올 회, 用 쓸 용) 한 번만 쓰고 버림. 또는 그런 것.
● **해**(害 해로울 해) 나쁘게 하거나 피해를 입힘. 또는 그런 것.
● **호응**(呼 부를 호, 應 응할 응) 부름에 응답한다는 뜻으로, 부름이나 호소 등에 대답하거나 응함.

 생각 넓히기

2. 나의 생각 정리하기

1 내가 생각하는 뻥튀기 접시의 장점과 단점을 써 보세요.

장점	
단점	

모든 일에는
좋은 점과 나쁜 점이
함께 있어. 두 가지 측면을
모두 고려해야 균형 잡힌
시각을 가질 수 있지.

2 축제에서 많이 사용하는 물건 대신 쓰레기를 줄이기
위해 사용할 수 있는 물건을 생각해 보세요.

물건	대신 사용할 수 있는 물건	사용 방법
일회용 접시	뻥튀기	뻥튀기 위에 음식을 올려 그릇처럼 사용한다.
종이컵		
포장용 비닐		

다른 사람의
아이디어를 참고하여,
이를 바탕으로 나만의
독창적인 아이디어로
발전시켜 봐.

재석 ○○ 톡톡

뻥튀기 접시는 2021년 '전주비빔밥 축제'에서 쓰기 시작했어요

뻥튀기 접시를 처음 사용한 곳은 김천 김밥 축제가 아니야. 2021년 전
북 전주의 '전주비빔밥 축제'에서 먼저 뻥튀기 접시에 비빔밥을 담아 내
놓았거든. 밀이나 옥수수 등으로 만든 다른 친환경 용기도 있지만, 가격
이 비싸서 널리 사용하기 어려운 단점이 있어. 반면 뻥튀기 접시는 가격
이 저렴해 축제에서 가성비 좋은 친환경 용기로 활용하기에 적합하지.

새처럼 걷고 뛰다가 땅을 박차고 날아오르는 로봇 나왔다!

생물체의 행동, 구조 등을 모방해 새로운 것을 만드는 기술을 '생체 모방 기술'이라고 해요. 최근 과학자들은 이 기술을 활용해 동물을 모방한 로봇을 개발하고 있어요.

2024년 12월 5일, 국제 학술지 『네이처』에 새 로봇 개발 소식이 실렸어요. 스위스 로잔 연방 공과 대학교와 미국 캘리포니아 어바인 대학교 연구팀이 공동으로 항공 로봇 '레이븐'을 개발했다고 해요. '레이븐(RAVEN)'은 '새에게 **영감**을 받아 다양한 환경에서 작동하는 로봇 비행체'라는 영어 문장의 앞 글자를 따서 만든 이름인데, 동시에 '까마귀'라는 뜻도 있어요. 한마디로 새를 **모방**한 로봇이지요. 그런데 이미 비행기나 로켓 같은 기계가 많은데 왜 새를 모방했을까요?

비행기는 하늘을 날기 위해 긴 **활주로**가 필요하고, 로켓은 발사대가 있어야 해요. 하지만 새는 활주로나 발사대 없이도 걷거나 뛰다가 땅을 박차고 바로 날아오를 수 있지요. 연구팀은 이 점에 주목해 새의 비행 원리를 관찰했어요. 그 비밀은 바로 새의 다리에 있었지요. 새는 가벼운 두 다리를 움직이며 총총 걷고, 뛰고, 날아올라요. 이를 바탕으로 연구팀은 0.62kg짜리 드론에 새의 다리를 모방한 기계 다리를 달았어요. 이 다리는 드론의 무게를 버틸 만큼 튼튼하면서도 자유롭게 움직일 수 있도록 두 개의 관절로 만들어졌어요.

그 결과 레이븐은 새처럼 걷고, 뛰고, 땅을 박차고 날아오르는 동작을 모두 할 수 있었어요. 연구팀은 "이 기술로 복잡한 지형에서도 이륙하는 항공기를 만들 수 있을 것"이라고 기대를 밝혔어요.

- **영감**(靈 신령 영, 感 느낄 감) 창조적인 일을 할 수 있게 하는 뛰어난 생각의 실마리나 자극.
- **모방**(摸 본뜰 모, 倣 본뜰 방) 다른 것을 본뜨거나 본받음.
- **활주로**(滑 미끄러울 활, 走 달릴 주, 路 길 로) 비행장에서 비행기가 뜨거나 내릴 때에 달리는 길.

2. 나의 생각 정리하기

1 다음 기사 내용을 참고하여 새 로봇을 활용할 수 있는
방법을 써 보세요.

> 비행기는 하늘을 날기 위해 긴 활주로가 필요하고, 로켓은
> 발사대가 있어야 해요. 하지만 새는 활주로나 발사대 없이
> 도 걷거나 뛰다가 땅을 박차고 바로 날아오를 수 있지요.

새와 비행기의
차이점을 생각하며,
새 로봇이 가진 장점을
떠올려 봐.

_____

_____

2 새 로봇처럼, 과학자들은 동물이나 식물의 모습에서 아
이디어를 얻어 새로운 발명품을 만들어 냅니다. 여러분
이 과학자라면 어떤 발명품을 만들고 싶나요?

동물이나 식물이 가진
독특한 특징이 무엇인지
생각해 봐.

내가 찾은 동물 또는 식물	동물 또는 식물의 특징	발명품 아이디어
오리	물갈퀴를 이용해 물속 에서 빠르게 헤엄침	수영할 때 신는 오리발

"새끼 거북들아, 날 따라와!" 새끼 바다거북을 돕는 로봇

요즘 개, 물고기, 문어 같은 동물을 모방한 다양한 로봇이
개발되고 있어. 그런데 사람을 돕는 게 아니라 새끼 바다
거북을 돕기 위해 특별한 로봇이 만들어졌다고 해. 이 로
봇은 실제 바다거북처럼 움직이면서 알에서 막 깨어난 새
끼 바다거북들이 바다까지 안전하게 갈 수 있도록 길을
안내해 주는 역할을 하지.

옥 쌤의 쏙쏙 어휘

정답 163쪽

연구
어떤 일을 깊이 있게 조사하고 생각하는 일

정수
물을 깨끗하고 맑게 함

재배
식물을 심어 가꿈

서식지
생물 등이 일정한 곳에 자리를 잡고 사는 곳

친환경
자연을 오염하지 않고 자연환경과 잘 어울리는 일

환경 오염으로 동식물이 (생물 등이 일정한 곳에 자리를 잡고 사는 곳)을/를 잃고 있어요. 이를 막기 위해 과학자들은 (어떤 일을 깊이 있게 조사하고 생각하는 일)을/를 하고 있어요. 오염된 물을 (물을 깨끗하고 맑게 함)하여 깨끗한 물을 제공하고, (자연을 오염하지 않고 자연환경과 잘 어울리는 일) 농산물을 (식물을 심어 가꿈)하는 기술을 개발하며 환경 보호에 힘쓰고 있어요.

★ 위의 문장을 알맞은 어휘를 사용하여 바꾸어 볼까요?

환경 오염으로 동식물이 _____을/를 잃고 있어요. 이를 막기 위해 과학자들은 _____을/를 하고 있어요. 오염된 물을 _____하여 깨끗한 물을 제공하고, _____ 농산물을 _____하는 기술을 개발하며 환경 보호에 힘쓰고 있어요.

팽팽 토론

지난 100년 동안 과학 기술은 매우 빠르게 발전해 왔어요. 그러나 동시에 지구 환경은 빠른 속도로 나빠지고 있어요. 과학 기술과 환경에 대한 서로 다른 의견을 보고 여러분의 생각을 정리해 보세요.

과학 기술의 발전은
환경을 더 오염시킬까?
아니면 환경 문제를 해결할까?

**저는 과학 기술의 발전이
환경을 더 오염시킬 것이라고
생각해요.**

왜냐하면 과학 기술이 발전하면서 생산 활동이 늘어나고, 이로 인해 많은 쓰레기와 환경 오염 물질이 발생하고 있기 때문이에요.

**저는 과학 기술의 발전이
환경 문제를 해결할 것이라고
생각해요.**

왜냐하면 과학 기술이 발전함에 따라 환경 오염 문제를 해결할 수 있는 기술과 방법이 개발될 가능성이 높기 때문이에요.

저는

왜냐하면

정답 164쪽

2024년 6월 5일, 환경의 날을 맞아 국립 생태원을 방문했어. 생태원은 사슴 생태원과 에코리움 등이 있는 본원, 멸종 위기에 처한 야생 생물을 복원하는 멸종 위기종 복원 센터, 그리고 전국의 습지를 보전하고 관리하는 습지 센터로 구성되어 있었지. 특히 에코리움에서는 동식물 1,600여 종이 함께 전시되어 있어 살아 있는 생태계를 생생하게 체험할 수 있었어.

멸종 위기 야생 생물은 가까운 미래에 사라질 위기에 처한 동물을 말해. 오른쪽 멸종 위기종 동물의 이름을 맞혀 볼까?

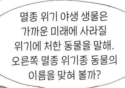

멸종 위기 야생 생물 1급

이름:

힌트!
오른쪽 표에서 멸종 위기 야생 생물의 이름을 찾아 모두 지워 봐!

멸종 위기 야생 생물

호랑이, 여우, 대륙사슴, 늑대,
수달, 표범, 반달가슴곰, 산양,
사향노루, 붉은박쥐, 토끼박쥐,
무산쇠족제비, 삵, 물범, 담비

호	랑	이	대	여	우	늑
산	양	반	륙	담	대	사
붉	물	달	사	비	향	스
은	범	가	슴	노	라	토
박	표	슴	루	소	삵	끼
쥐	범	곰	니	수	달	박
무	산	쇠	족	제	비	쥐

2장
사회·정치 이슈

비상계엄

보디 캠

초고령 사회

애견 미용

반려동물 보유세

지역 축제

AI 디지털 교과서

✔ 사망 사고까지 일으키는 전동 킥보드, 이대로는 안 된다!

전기로 움직이는 1~2인용 탈것을 '개인형 이동 장치'라고 해요. 예를 들어, 두 발을 앞뒤로 놓고 타는 '전동 킥보드'와 전기로 가는 '전기 자전거'가 대표적이에요.

전동 킥보드로 인한 사고가 매우 심각한 수준에 이르렀어요. 경찰청 자료에 따르면, 전동 킥보드와 같은 개인형 이동 장치 관련 교통사고가 최근 5년 사이 5배가 넘게 늘었다고 해요. 2023년에는 이런 사고로 24명이 목숨을 잃었고, 부상자는 2,600명이 넘었어요. 2024년 6월에는 운전면허 없이 **불법**으로 전동 킥보드를 타던 고등학생 2명에게 치인 60대 할머니가 목숨을 잃는 안타까운 사건이 있었지요.

다른 나라에서는 이러한 사고 발생을 막기 위해 전동 킥보드 사용을 금지하거나 **제한**하고 있어요. 프랑스의 파리는 국민 투표를 통해 90%에 가까운 찬성을 얻어 2023년 9월부터 전동 킥보드 사용을 금지했어요. 호주의 멜버른과 스페인의 마드리드도 전동 킥보드의 위험성을 이유로 사용을 금지했지요. 또 노르웨이의 오슬로는 도시 안에서 탈 수 있는 전동 킥보드 수를 8,000대로 제한했고, 일본은 2023년부터 속도를 시속 20km 이하로만 탈 수 있게 했어요. 속도를 낮추면 사고가 나더라도 사람이 받는 충격을 줄일 수 있기 때문이에요.

우리나라도 이런 해외 사례를 본받아 전동 킥보드 관련 사고를 해결하기 위한 **대책**을 적극적으로 마련해야 해요. 최근에는 전동 킥보드로 인한 교통사고뿐만 아니라 배터리 문제로 발생하는 화재도 늘어나고 있어요. 그래서 이를 걱정하는 사람들의 목소리가 점점 커지고 있답니다.

- **불법**(不 아닐 불, 法 법 법) 법에 어긋남.
- **제한**(制 누를 제, 限 끝 한) 일정한 한도를 정하거나 그 한도를 넘지 못하게 막음.
- **대책**(對 대할 대, 策 꾀 책) 어떤 일에 대처할 계획이나 수단.

옥 쌤의 독해 교실 ✏️

1. 주요 단어 살펴보기

1 한자의 뜻을 참고하여 '전동 킥보드'가 무엇을 의미하는지 써 보세요.

단어에 쓰인 한자의 뜻을 살펴보면 단어의 의미를 쉽게 알 수 있어.

한자	전(電)	동(動)
뜻	전기	움직이다

☐☐로 ☐☐이는 킥보드

2 '부상'이라는 단어는 다음과 같이 여러 가지 의미를 가지고 있습니다. 이를 바탕으로 기사에서 사용된 '부상자 2,600명'의 알맞은 의미를 찾아보세요.

'부상자'에서 '자(者)'는 사람을 뜻해.

- 물 위로 떠오름
- 몸에 상처를 입음
- 상에 딸린 상금이나 상품
- 밑천이 넉넉한 부유한 상인

① 물에 빠졌다가 물 위로 떠오른 사람이 2,600명이다.
② 몸에 상처를 입은 사람이 2,600명이다.
③ 전동 킥보드를 상품으로 받은 사람이 2,600명이다.
④ 사고를 당한 사람 중 부유한 상인이 2,600명이다.

지식 ○○ 쏙쏙

전동 킥보드, 이렇게 타야 해요

전동 킥보드는 운전면허가 있는 사람만 탈 수 있고, 16세 미만인 사람은 탈 수 없어. 전동 킥보드에는 꼭 1명만 타야 하며, 안전을 위해 반드시 헬멧을 써야 해. 또 자전거 도로나 도로의 우측 차선에서만 타야 하고, 인도에서는 타면 안 돼. 횡단보도를 건널 때는 내려서 킥보드를 끌고 걸어가야 하지. 이런 규칙을 어기면 처벌을 받을 수 있어.

사회 **정치**

✔ 남의 사진으로 장난치면 안 돼요!
무서운 '딥페이크 범죄'

'딥페이크(Deepfake)'는 인공 지능으로 사람의 얼굴이나 목소리를 합성해 만든 가짜 사진이나 영상을 말해요. 최근 이를 이용한 범죄가 심각한 사회 문제가 되고 있어요.

초등학생 마루는 오늘 짝꿍 사진으로 장난을 쳤어요. 인터넷에서 찾은 인공 지능 프로그램을 이용해 짝꿍 사진에 토끼 귀를 달고 깡충깡충 뛰는 짧은 영상을 만들었지요. 마루는 그 영상을 보며 깔깔 웃으며 재미있어했어요. 하지만 이런 행동은 범죄가 될 수 있으니 절대로 하면 안 돼요.

기술이 발전하면서 누구나 쉽게 가짜 사진이나 영상을 만들 수 있게 되었어요. 누군가 내 사진이나 영상을 이용해 내가 하지도 않은 일을 한 것처럼 꾸민 가짜 사진과 영상을 만들어 퍼뜨릴 수 있게 된 거지요. 그리고 나쁜 맘을 먹고 가짜 사진이나 영상으로 **협박**을 하거

나 돈을 요구하기도 해요. 이런 '딥페이크 범죄'는 어른들뿐만 아니라 10대를 대상으로도 흔히 일어나고 있어요. 2024년 8월, 여성가족부의 조사에 따르면, 2024년 1월부터 8월까지 접수된 딥페이크 피해자 781명 중에서 288명이 10대 이하였다고 해요.

10대 어린이와 청소년은 딥페이크 범죄의 **심각성**을 잘 알지 못한 채 단순한 장난으로 여겨 저지르는 경우가 많아요. 하지만 딥페이크 사진과 영상은 만들거나 가지고 있는 것만으로도 처벌을 받을 수 있는 범죄라는 점을 **명심**해야 해요. 그리고 이런 범죄를 막으려면 자신의 개인정보, 사진, 영상을 누리 소통망(SNS)에 함부로 올리지 말고, 의심스러운 영상은 클릭하거나 다른 친구들에게 퍼뜨리지 않도록 조심해야 해요.

- **협박**(脅 위협할 협, 迫 다그칠 박) 겁을 주며 압력을 가하여 남에게 억지로 어떤 일을 하도록 함.
- **심각성**(深 깊을 심, 刻 새길 각, 性 성품 성) 매우 중요하고 큰 성질.
- **명심**(銘 새길 명, 心 마음 심) 잊지 않도록 마음에 깊이 새겨 둠.

정답 및 해설 164쪽

 옥 쌤의 독해 교실 ✏️

1. 주요 단어 살펴보기

1 기사에서 가장 중요한 단어를 찾아 써 보세요.

딥			

글쓴이는 '이것' 때문에 생긴 문제를 이야기하고 있어.

2 딥페이크 범죄와 가장 관련 있는 단어를 찾아 선으로 이어 보세요.

딥페이크를 나쁘게 사용하면 큰 범죄로 이어질 수 있어.

· 칭찬

딥페이크
범죄 ·

· 처벌

· 장난

지식 ○-○ 톡톡

홍콩에서 딥페이크 범죄에 340억 원 털렸다

2024년 2월, 홍콩의 한 금융사 직원이 딥페이크 영상에 속아 340억 원을 잃은 사건이 발생했어. 이 직원은 영국에 있는 본사 사장으로부터 340억 원을 보내라는 이메일을 받고 처음에는 의심했지만, 화상 회의에 연결된 사장과 동료들의 모습을 보고 그 지시를 따랐다고 해. 그런데 알고 보니, 그 화상 회의 영상이 전부 가짜였던 거야.

✔ 소방관에 이어 경찰도 카메라 달자, 이번엔 선생님?

몸에 달고 다니는 감시 카메라를 '보디 캠(Body Cam)'이라고 해요. 주로 소방관이나 경찰이 사용하며, 눈앞에 벌어진 일들을 생생하게 기록할 수 있어요.

㉠2024년 7월 31일부터 경찰도 보디 캠을 **지급**받아 **착용**하게 되었어요. 그동안 보디 캠은 소방관에게만 지급되어 현장 상황을 기록하고 안전한 구조 작업을 돕는 데 쓰였지요. 경찰은 사건 현장과 범인 체포 과정을 기록하기 위해 보디 캠을 자기 돈으로 구매해 사용했어요. 그런데 이제는 나라에서 지급해 더 안전하고 효율적으로 근무할 수 있게 되었어요.

㉡소방관에 이어 경찰도 보디 캠을 착용하게 되자 이번에는 학교 선생님에게도 보디 캠을 지급해야 한다는 의견이 나왔어요. 선생님이 보디 캠으로 학생들의 학교생활을 기록하면 학교 폭력을 예방하고 문제를 해결하는 데 도움이 될 거라는 이유에서지요. 선생님은 보디 캠으로 학생들 사이의 문제나 학생이 선생님에게 하는 문제 행동 등을 기록할 수 있어요. 그리고 이를 증거로 학생들을 지도하거나 학교 폭력 문제에 대처할 수 있지요. 실제로 미국에서는 선생님들의 보디 캠 사용을 시험해 보기도 했어요.

㉢하지만 반대하는 목소리도 높아요. 학생들의 모습이 보디 캠에 허락 없이 담기면 사생활이 **침해**될 수 있기 때문이에요. 또 학생들이 선생님에게 감시당한다고 느끼면 선생님과 학생 간의 **신뢰**가 무너질 수 있다는 걱정도 있어요. 보디 캠의 필요성과 문제점에 대한 의견이 팽팽히 맞서는 가운데, 선생님이 실제로 보디 캠을 착용하게 될지는 좀 더 지켜봐야 할 것 같아요.

- **지급**(支 가를 지, 給 줄 급) 돈이나 물품 등을 정해진 몫만큼 내줌.
- **착용**(着 붙을 착, 用 쓸 용) 옷, 모자, 신발, 액세서리 등을 입거나 쓰거나 신거나 차거나 함.
- **침해**(侵 처들어갈 침, 害 해칠 해) 침범하여 해를 끼침.
- **신뢰**(信 믿을 신, 賴 의지할 뢰) 굳게 믿고 의지함.

옥 쌤의 독해 교실 ✏️

2. 중심 문장 파악하기

1 각 문단의 중심 문장을 찾아 선으로 알맞게 이어 보세요.

ㄱ 문단 •　　• 보디 캠을 반대하는 목소리도 높다.

ㄴ 문단 •　　• 경찰도 보디 캠을 지급받아 착용하게 되었다.

ㄷ 문단 •　　• 선생님에게도 보디 캠을 지급해야 한다는 의견이 있다.

각 문단의 첫 문장에서 중심 문장을 확인할 수 있어.

2 보디 캠에 대한 생각을 다룬 인터뷰 자료입니다. 이 자료를 기사에 포함한다면 어느 문단에 사용하는 것이 가장 적절할지 빈 곳에 기호를 써 보세요.

ㄴ 문단에서는 보디 캠을 찬성하는 의견을, ㄷ 문단에서는 보디 캠을 반대하는 의견을 사용하는 게 좋아.

• 보디 캠을 사용하면 학교 폭력을 예방하는 데 도움이 될 것 같습니다. ⇨ (　　) 문단
• 학교에서 보디 캠을 사용하는 것은 적절하지 않다고 생각합니다. ⇨ (　　) 문단
• 선생님이 보디 캠을 착용하면 감시당하는 느낌이 들 것 같습니다. ⇨ (　　) 문단
• 선생님이 보디 캠을 착용하면 학생들의 행동이 긍정적으로 변화할 것 같습니다. ⇨ (　　) 문단

지식 👓 톡톡

생생하고 정확하게! 스포츠에 사용되는 '보디 캠'

2024년 8월, 서울에서 열린 한 축구 경기 중계에서 심판이 착용한 보디 캠으로 촬영된 장면이 공개됐어. 시청자들은 마치 경기장에 있는 듯한 생생한 현장감을 느꼈고, 심판의 정확한 판정에도 큰 도움이 됐지. 또 농구, 배구, 격투기 같은 스포츠에서는 선수들이 보디 캠을 착용해 훈련하고, 촬영된 영상을 기술 분석과 경기 기록에 활용한다고 해.

불안한 전기차, 지하 주차장에 주차해도 될까?

전기차는 배터리에 충전된 전기로 모터를 돌려 움직이는 자동차예요. 유해 가스를 배출하지 않아 환경 오염이 적지만, 최근 화재가 발생하면서 문제가 되고 있어요.

▲ 불에 탄 전기차

㉠아파트 지하 주차장에서 전기차 화재가 잇따르며 불안감이 커지고 있어요. 2024년 10월, 전주시의 한 아파트 지하 주차장에서 전기차 화재가 발생했어요. 다행히 소방관들의 신속한 대처로 큰 피해 없이 불길이 잡혔어요. 하지만 2024년 8월, 인천의 한 아파트 지하 주차장에서 발생한 전기차 화재는 달랐어요. 당시 스프링클러가 작동하지 않아 불길이 크게 번져 차량 140여 대가 불에 탔어요. 연기를 마신 주민들은 병원으로 실려 갔고, 아파트의 전기와 물이 끊기며 주민들은 임시 거처로 피난해야 했지요. 국토교통부에 따르면, 2024년 8월까지 약 6년간 발생한 전기차 화재 139건 중 대부분이 주차 중에 일어났다고 해요.

㉡이로 인해 지하 주차장에서 전기차 주차를 금지하자는 주장이 나오고 있어요. 전기차 화재는 불을 끄기 어렵고, 지하 주차장은 소방 설비가 부족하며 소방차 진입도 힘들어 큰 사고로 이어질 위험이 크기 때문이에요. 서울시는 전기차 배터리 충전율이 90%를 넘으면 지하 주차장 출입을 막는 대책을 마련하겠다고 밝혔어요.

㉢하지만 당장 모든 전기차의 지하 주차장 이용을 금지하기는 어려워요. 대부분의 아파트 주차장이 지하에 있고, 현재 60만 대 이상인 전기차를 모두 주차할 지상 공간이 부족하거든요. 이런 이유로 지하 주차장 전기차 화재에 대한 걱정은 여전히 이어지고 있어요.

- **거처**(居 살 거, 處 곳 처) 일정하게 자리를 잡고 사는 일. 또는 그 장소.
- **피난**(避 피할 피, 難 어려울 난) 재난을 피하여 멀리 옮겨 감.
- **진입**(進 나아갈 진, 入 들 입) 향하여 내처 들어감.

옥 쌤의 독해 교실 ✏️

2. 중심 문장 파악하기

1 ㉠ 문단에서 다음과 같은 사실들을 통해 사람들에게 전하고자 하는 말을 찾아 ○표 해 보세요.

중심 문장을 뒷받침하기 위해 실제 사례를 소개하기도 해.

> • 2024년 8월에는 인천의 한 아파트 지하 주차장에서, 10월에는 전주의 한 아파트 지하 주차장에서 전기차 화재가 발생했다.
> • 2024년 8월까지 약 6년간 발생한 전기차 화재 139건 중 대부분이 주차 중에 일어났다.

• 전기차가 많이 팔리고 있다. (   )
• 지하 주차장 전기차 화재 사고가 잇따라 발생하고 있다. (   )
• 전기차는 운전 중에는 불이 나지 않는다. (   )

2 다음은 각 문단의 중심 문장을 정리한 내용입니다. 보기에서 알맞은 말을 골라 문장을 완성해 보세요.

중심 문장을 정리하면 글의 전체적인 내용을 파악할 수 있어.

> 〈보기〉 지하   지상   운전   주차   허용
>   금지   침수   화재   쉽다   어렵다

• ㉠ 문단: (   ) 주차장에서 전기차 (   )가 잇따라 발생하고 있다.
• ㉡ 문단: 지하 주차장에서 전기차 (   )를 (   )하자는 주장이 나오고 있다.
• ㉢ 문단: 당장 모든 전기차의 지하 주차장 이용을 (   )하기는 (   ).

지식 ○○ 쏙쏙

전기차에 불이 나면 이렇게 꺼야 해요

전기차 화재는 대부분 배터리 문제로 발생해. 불이 붙으면 순식간에 온도가 1,000도까지 올라 일반 소화기로는 불을 끄기 어렵지. 전기차 화재가 발생하면 물을 뿌려 주변 온도를 낮추고, 연기와 불꽃을 차단하는 덮개를 씌워야 해. 그리고 전기차를 이동식 소화 수조에 담가야 불을 완전히 끌 수 있어.

✔ 60대 인구수, 40대 앞질러…, 늙어 가는 대한민국의 미래는?

유엔(UN, 국제 연합)에 따르면, 65세 이상 인구 비율이 전체의 7%를 넘으면 고령화 사회, 14%를 넘으면 고령 사회, 20%를 넘으면 초고령 사회로 분류돼요.

2024년 10월, 행정안전부가 발표한 주민 등록 인구 통계에 따르면, 우리나라 60대 인구수는 777만 242명으로, 40대 인구수 776만 9,028명보다 1,214명 많았어요. 지금까지 인구수는 50대가 가장 많고, 40대, 60대 순이었는데, 2008년 인구 통계 작성 이후 처음으로 60대 인구수가 40대를 넘어선 것이에요.

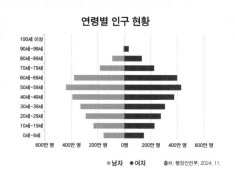

연령별 인구 현황

● 남자 ● 여자   출처: 행정안전부, 2024. 11.

2023년에는 70대 이상 인구수(631만 9,402명)가 처음으로 20대(619만 7,486명)를 넘어섰고, 이제는 65세 이상 인구수가 천만 명을 넘어 전체 인구의 19.51%를 차지했어요. 우리나라는 2018년에 **고령** 사회에 들어섰고, 2025년이면 초고령 사회가 되어 인구 5명 중 1명이 65세 이상이 될 거라고 해요.

고령화가 심해진 이유는 의료 기술의 발달로 평균 수명이 늘어난 반면, **출생률**은 감소했기 때문이에요. 2023년 출생률은 0.72명이었고, 2024년에는 0.6명으로 더 줄어들 거라고 해요. 국가 인구수 유지에 필요한 출생률인 2.1명에 턱없이 부족한 수치이지요.

초고령 사회가 되면 일할 사람이 부족하고 소비가 줄어 경제가 어려워질 수 있어요. 또 젊은 사람의 세금 **부담**이 늘어날 거예요. 정부는 이에 대비해 노인의 일자리를 마련하고, 복지와 의료 지원을 위한 정책을 강화할 계획이에요.

- **고령**(高 높을 고, 齡 나이 령) 늙은이로서 썩 많은 나이. 또는 그런 나이가 된 사람.
- **출생률**(出 날 출, 生 날 생, 率 비율 률) 일정한 기간에 태어난 사람의 수가 전체 인구에 대하여 차지하는 비율.
- **부담**(負 질 부, 擔 멜 담) 어떠한 의무나 책임을 짐.

경답 및 해설 164쪽

 옥 쌤의 독해 교실 ✏️

3. 세부 내용 파악하기

1 기사의 내용에 맞게 ◯ 안에 >, =, <를 알맞게 써 보세요.

(2024년 60대 인구수) (2024년 40대 인구수)

행정안전부가 발표한 자료의 숫자를 꼼꼼히 살펴봐.

2 우리나라 고령화에 대한 설명으로 옳은 것은 무엇인가요?

① 우리나라는 2018년에 초고령 사회로 들어섰다.
② 2025년에는 인구 10명 중 1명이 65세 이상이 될 것이다.
③ 국가 인구수를 유지하는 데 필요한 출생률은 1명이다.
④ 2024년 우리나라의 출생률은 0.6명이 될 것이다.

이 기사는 우리나라의 심각한 고령화 문제를 알리기 위해 작성되었어.

3 다음 문장에서 알맞은 말에 ◯표 해 보세요.

> 우리나라의 고령화가 심해진 이유는
> 평균 수명이 (줄어들었는데 / 늘어났는데)
> 출생률은 (줄어들었기 / 늘어났기) 때문이다.

세 번째 문단에서 우리나라의 고령화가 심해진 이유를 설명하고 있어.

지식 ○-○ 쏙쏙

초고령화 사회에 대비해 노인 일자리 110만 개 만든다

2024년 9월, 정부는 2025년 초고령 사회 진입에 대비해 노인 일자리 110만 개를 제공하겠다고 발표했어. 노인 인구의 10.4%가 일할 수 있는 규모야. 하지만 대부분 임금이 적고 단순한 일이어서 아쉬움을 사고 있지. 2052년이면 2명 중 1명이 노인이라는데, 교육 수준과 능력에 맞는 좋은 노인 일자리가 더 많이 필요해.

'반려동물 보유세' 만들어야 하나, 말아야 하나?

'반려동물 보유세'란 강아지나 고양이 같은 반려동물을 기르는 집에서 내는 세금을 말해요. 미국, 독일 등 여러 나라에서 반려동물 보유세를 내도록 하고 있어요.

2024년, 우리나라에서 반려동물을 키우는 집은 552만 가구를 넘고, 반려동물을 키우는 사람은 전체 인구의 30%인 1,500만 명에 이른다고 해요. 반려동물을 키우는 사람이 늘어나면서, 반려동물로 인한 문제를 해결하고 복지를 위한 비용 마련이 필요해졌어요. 이에 따라 '반려동물 보유세'를 만들자는 주장이 꾸준히 나오고 있지만, 찬성과 반대 의견이 팽팽히 맞서고 있어요.

찬성하는 쪽은 반려동물 배설물 처리나 **유기** 동물 보호 등에 드는 비용을 반려동물을 키우는 사람들이 세금으로 내야 한다고 해요. 또 세금을 걷으면 무책임하게 반려동물을 키우다 유기하는 일이 줄어들 거라고 주장하지요.

반면, 반대하는 쪽은 세금을 내지 않으려고 반려동물을 등록하지 않은 채 몰래 키우는 사람이 늘어날 거라고 해요. 형편이 어려운 사람들은 세금 부담 때문에 반려동물을 포기하게 되어 오히려 유기 동물이 늘어날 수도 있다고 주장하지요. 또 개, 고양이, 물고기와 같은 여러 반려동물 중 어떤 동물에 세금을 내게 할지, 동물마다 얼마를 내게 할지 등 **공평**한 기준을 정하기도 어렵다고 해요.

정부와 국회는 찬성과 반대 의견을 충분히 듣고, 2025년 1월에 열리는 '제3차 동물 복지 종합 계획' **수립** 과정에서 반려동물 보유세를 만들지 검토하겠다고 밝혔어요. 하지만 새로운 세금을 만드는 일인 만큼 더 신중히 접근하겠다는 모습이에요.

- **유기**(遺 버릴 유, 棄 버릴 기) 내다 버림.
- **공평**(公 공정할 공, 平 고를 평) 어느 쪽으로도 치우치지 않고 고름.
- **수립**(樹 나무 수, 立 설 립) 국가나 정부, 제도, 계획 등을 이룩하여 세움.

옥 쌤의 독해 교실 ✏️

3. 세부 내용 파악하기

1 기사의 내용으로 <u>틀린</u> 것은 무엇인가요?

기사의 내용을
이해하려면 글을
꼼꼼히 읽어야 해.

① 반려동물 보유세를 찬성하는 사람과 반대하는 사람이
있다.

② 우리나라에서 반려동물을 키우는 사람은 전체 인구의
약 30%이다.

③ 유기된 반려동물의 관리와 보호에 많은 돈이 들고 있다.

④ 2025년 1월부터 반려동물 보유세를 걷기 시작한다.

2 반려동물 보유세에 대한 의견을 보고 찬성하는 쪽인
지, 반대하는 쪽인지 구분해 보세요.

같은 일에 대해서도
사람마다 생각이 다를 수
있어. 서로의 의견을
존중하는 자세가 중요해.

• 무책임하게 반려동물을 키우는 일이 줄어들 것이다.

(찬성 / 반대)

• 반려동물 유기가 늘어날 것이다.　　(찬성 / 반대)

• 반려동물 유기가 줄어들 것이다.　　(찬성 / 반대)

• 반려동물을 등록하지 않은 채 몰래 키우는 사람이 늘
어날 것이다.　　　　　　　　　　(찬성 / 반대)

지식 ○○ 쏙쏙

독일의 개들은 세금도 내고 버스 요금도 낸다고?

독일에서는 반려동물 중 고양이, 새 등은 세금을 내지 않
지만, 개는 세금을 내. 개 한 마리당 1년에 최소 약 14만
원 정도의 세금을 내고, 개의 크기나 종류에 따라 더 많이
내기도 하지. 버스에 탈 때도 개가 두 마리 이상이면 요금
을 내야 한대. 이렇게 걷힌 세금이 반려견의 관리와 복지
에 잘 사용되어 독일은 '개들의 천국'으로 불린다고 해.

✓ "뻔한 축제는 시시해요."
재치 있는 지역 축제가 뜬다!

'지역 축제'는 지역의 문화와 전통, 자연, 특산물 등을 알리고, 방문객을 불러 모아 지역 경제에 도움을 주기 위해 열리는 행사예요.

벚꽃 **축제**, 딸기 축제, 송어 축제, 비빔밥 축제, 반딧불 축제처럼 우리나라에는 지역마다 자랑거리를 내세운 축제가 많아요. 하지만 이런 축제를 찾는 **방문객**의 발길이 줄어들고 있어요. 매년 비슷한 내용의 행사가 반복돼서 실망스러웠기 때문이지요. 그런데 뻔한 지역 축제가 아닌 독특하고 재치 있는 축제가 열린 곳이 눈길을 끌고 있어요.

2024년 10월 26일과 27일, 경상북도 김천에서 열린 축제에 무려 10만 명의 관광객이 몰렸어요. 그런데 놀랍게도 사람들은 전국 어디서나 먹을 수 있는 '김밥'을 먹으러 김천을 찾은 거였지요. 김천시는 젊은이들을 대상으로 '김천' 하면 무엇이 떠오르는지 설문 조사를 했고, 가장 많이 나온 답이 '김밥 천국'이었어요. 이를 바탕으로 김밥 축제를 연 것이지요. 원래 3만 명 정도의 방문객을 예상했지만, 실제로는 김천의 인구수인 13만 명에 맞먹는 방문객이 찾아왔어요. 준비된 김밥이 모자라 한 줄이 아닌 반 줄씩 판매했지만, 축제는 즐거운 분위기 속에서 성공적으로 끝났어요.

김천뿐만 아니라 다른 지역에서도 독특한 아이디어로 성공한 축제가 이어졌어요. 비슷한 시기 원주에서 열린 만두 축제에는 50만 명이 방문했고, 11월 구미에서 열린 라면 축제에는 17만 명 이상이 모였지요. 이런 성공 사례들을 보며 다른 지역에서도 사람들의 관심을 끌 수 있는 재미있는 축제를 **기획**하고 있답니다.

- **축제**(祝 축하할 축, 祭 제사 제) 축하하여 벌이는 큰 규모의 행사.
- **방문객**(訪 찾을 방, 問 물을 문, 客 손님 객) 어떤 사람이나 장소를 찾아오는 손님.
- **기획**(企 꾀할 기, 劃 새길 획) 일을 꾀하여 계획함.

옥 쌤의 독해 교실 ✏️

4. 한 문장으로 정리하기

1 각 지역에서 열린 축제를 찾아 선으로 알맞게 이어 보세요.

둘째와 셋째 문단에서는 각 지역에서 열린 축제에 대해 설명하고 있어.

김천 ·

· 딸기 축제

· 만두 축제

원주 ·

· 김밥 축제

· 비빔밥 축제

구미 ·

· 라면 축제

2 기사의 내용을 한 문장으로 정리한 것입니다. 빈 곳에 알맞은 말을 써 보세요.

긴 글을 한 문장으로 정리하려다 보면 글의 내용을 더 잘 이해할 수 있어.

| | 지역 축제가 아닌 독특하고 | | 있는 축제에 방문객이 많이 모이자 다른 지역에서도 재미있는 축제를 | | 하고 있다.

지식 ○○ 쏙쏙

공주님들이 오시나? 충남 공주의 '공주 페스티벌'

꼭 먹거리 축제만 재치 있는 게 아니야. 충남 공주는 지역 이름과 발음이 같은 '공주'를 주제로, 8월부터 12월까지 매달 '공주 페스티벌'을 열어서 많은 사람에게 인기를 끌었어. 특히 '공주에서 날밤까기'라는 캠핑 행사가 큰 주목을 받았는데, 공주의 유명한 특산물인 '밤'과 깜깜한 '밤'이 같은 소리 낱말인 것에서 재미있게 기획한 거야.

귀여운 강아지 미용 뒤에 숨겨진 슬픈 이야기

동물에게 고통을 주거나 굶주림, 질병 등을 방치하는 것을 '동물 학대'라고 해요. 동물 학대를 하면 3년 이하의 징역이나 3,000만 원 이하의 벌금형에 처할 수 있어요.

강아지를 키우는 사람들이 늘어나면서 우리나라 동물 미용 가게도 1만 개 이상으로 늘었어요. 애견 미용이 인기를 끌자 많은 사람이 애견 미용사가 되기 위해 학원에 다니며 자격증을 따고 있어요. 매년 4~6차례 열리는 자격증 시험에는 수백 명이 시험을 치러요. 그런데 애견 미용 실습 과정에 불법 **번식장**에서 데려온 강아지들이 사용되고 있다고 해요.

번식장에서 강아지를 기르거나 판매하려면 정부의 허가를 받아야 하지만, 이른바 '강아지 공장'으로 불리는 불법 번식장은 허가 없이 **열악**한 환경에서 강아지들을 키우고 있어요. 이곳에서는 강아지들을 번식시켜 팔며, 새끼를 낳지 못하는 강아지들은 애견 미용 실습용으로 보내지는 안타까운 일이 벌어지고 있어요. 미용 실습 중 배변하는 것을 막는다는 이유로, 실습용 강아지들은 밥도 제대로 먹지 못한 채 한 달에 몇 번씩 실습장으로 끌려가요. 실습 과정에서 미용 도구에 다치거나 **과도**한 스트레스로 병이 나기도 하지요. 하지만 다친 강아지들을 치료해 주기는커녕 죽이는 경우가 많다고 해요.

2024년 10월, 동물 보호 단체가 평택의 어느 비닐하우스에서 애견 미용 실습용 강아지 수십 마리를 구조했어요. 강아지들은 상처를 입고 병든 상태로, 명백히 동물 학대를 당한 것이었어요. 강아지를 건강하고 예쁘게 키우려는 애견 미용이 오히려 강아지들에게 고통을 주는 상황이에요. 애견 미용 실습용 강아지에 대한 규제가 하루빨리 마련되어야 해요.

- **번식장**(繁 많을 번, 殖 불릴 식, 場 마당 장) 동물을 키우며 새끼를 낳게 하여 여러 마리로 늘어나게 하는 곳.
- **열악**(劣 못할 열, 惡 나쁠 악) 품질이나 능력, 시설 등이 매우 떨어지고 나쁨.
- **과도**(過 지나칠 과, 度 정도 도) 정도에 지나침.

옥 쌤의 독해 교실 ✏

4. 한 문장으로 정리하기

1 첫째 문단과 둘째 문단의 내용을 한 문장으로 정리한 것입니다. 빈 곳에 알맞은 말을 써 보세요.

> 불법 번식장에서 데려온 애견 미용 실습용 강아지들이 동물 [　|　]를 당하고 있다.

우리가 많은 단어를 알아야 하는 이유는 단어가 긴 내용을 함축적으로 표현해 주기 때문이야.

2 글쓴이의 생각을 한 문장으로 바르게 정리한 것을 고르세요.

① 애견 미용 가게가 늘어나는 것은 어쩔 수 없는 일이다.
② 나라에서 애견 미용사가 되려는 사람들을 지원해야 한다.
③ 애견 미용 실습용 강아지들이 다치거나 병이 나는 것은 어쩔 수 없는 일이다.
④ 애견 미용 실습용 강아지에 대한 규제가 하루빨리 마련되어야 한다.

글쓴이의 생각은 글의 시작이나 마지막에 나타나는 경우가 많아.

지식 ○○ 톡톡

애견 미용 실습을 모형으로 하면 안 될까?

미국, 유럽, 일본 등 많은 나라에서는 이미 동물 복지를 위해 애견 미용 시험에 실제 강아지 대신 모형을 사용하고 있대. 우리나라도 애견 미용 시험에 모형을 쓰는 경우가 있지. 그런데 실제 강아지로 연습을 하지 않으면 애견 미용 일을 제대로 하기 어렵다는 주장도 있어. 동물을 학대하지 않으면서도 애견 미용 실습을 할 수 있는 방법을 빨리 찾아야 해.

애견 미용 시험

"나라를 지켜 주셔서 감사합니다!"
군인에게 감사 전하는 시민들

우리나라의 남성은 보통 18세~28세 사이에 군대에 가서 18개월~21개월 동안 군인이 되어요. 또 남녀 모두 군인을 직업으로 선택해 직업 군인이 될 수도 있어요.

2023년 10월, 한 카페 아르바이트생이 국가 보훈부 장관에게 감사 인사를 받았어요. 이 아르바이트생은 군인이 주문한 음료 뚜껑에 "나라를 지켜 주셔서 감사합니다."라는 글을 적었고, 이를 본 군인이 감동해 군대 인터넷 게시판에 올리면서 화제가 되었지요. 이 소식을 들은 국가 보훈부 장관은 직접 아르바이트생을 찾아 감사 인사와 함께 태블릿 피시(PC)를 선물하려 했지만, 아르바이트생은 선물을 **국가유공자**에게 기부하고 싶다며 거절했어요.

군인에게 감사를 전하는 시민들의 **미담**은 계속되고 있어요. 국방부에 따르면, 2024년 6월 16일부터 10월 17일까지 온라인상에 시민들이 군인들의 식사비나 커피값을 대신 내주었다는 미담이 6건이나 올라왔다고 해요. 한 시민은 휴가 나온 군인에게 케이크를 건넸고, 다른 시민은 터미널 근처에서 식사하던 공군 병사의 밥값을 대신 계산해 주며 감사의 마음을 전했어요. 이런 일을 겪은 군인들은 감동을 받고 큰 힘이 되었다고 말했지요.

국방부 장관은 "이런 소식이 **익명**으로 전파되다 보니 개별적으로 인사드리거나 감사를 표할 수 없어 매우 아쉽게 생각한다. 우리 50만 국군 장병들의 마음을 대신해 언론을 통해 감사한 마음을 전한다."라고 밝혔어요. 또 앞으로도 군은 대한민국을 굳건히 지키겠다며 국민의 지속적인 사랑과 성원을 부탁드린다고 덧붙였지요.

- **국가유공자**(國 나라 국, 家 집 가, 有 있을 유, 功 공로 공, 者 사람 자) 나라를 위한 공을 세우거나 희생한 사람.
- **미담**(美 아름다울 미, 談 이야기 담) 사람을 감동시킬 만큼 아름다운 내용을 가진 이야기.
- **익명**(匿 숨길 익, 名 이름 명) 이름을 숨김. 또는 숨긴 이름이나 그 대신 쓰는 이름.

 생각 넓히기 ✏️

1. 적용 및 추론하기

1 군인에게 감사를 표현하는 시민들에게 군인들이
느낄 감정으로 적절하지 <u>않은</u> 것은 무엇일까요?

① 고마움
② 뿌듯함
③ 보람
④ 귀찮음

논리적으로
생각하는 것뿐만 아니라
상대방의 감정을
이해하고 공감하는 것도
중요한 추론 능력이야.

2 군인에게 감사를 표현하는 시민들이 '익명'으로
전해지는 이유는 무엇일까요?

① 모두 한 사람이 한 일이기 때문에
② 누가 한 일인지 이미 알고 있기 때문에
③ 자신이 한 일이 알려지는 것을 원하지 않기 때문에
④ 돈을 대신 내준 사람이 군인의 가족이기 때문에

'익명'이라는
단어의 뜻을 떠올리며,
그와 관련된 상황을
잘 생각해 봐.

지식 ○○ 톡톡

미국에서는 군인에게 감사하는 일이 당연한 일이라고?

우리나라에서는 군인을 대접한 일이 신문에 날 정도로 특별한 일이지만, 미국에서는 이런 일이 일상이라고 해. 미국 사람들은 군인을 보면 "당신의 헌신에 감사한다."라고 인사하며, 식사비를 대신 내 주거나 줄을 양보해 주고 할인도 해 주지. 비행기에서는 군인이 먼저 탑승할수 있게 해 주고, 일등석으로 자리를 바꿔 주는 경우도 있어. 모두가 군인들의 희생을 인정하고 있기 때문이지.

✔ 대한민국이 발칵 뒤집혔다! '비상계엄'이 뭐길래?

나랏일을 할 때 뜻이 같은 사람들이 모여 '정당'을 만들어요. 여러 정당 중 대통령이 소속된 당을 '여당', 그 외 다른 정당들을 '야당'이라고 해요.

2024년 12월 3일 밤 11시 40분, 국회의사당에 군용 헬기 3대가 착륙했어요. 헬기에서 **무장** 군인들이 쏟아져 나오고, 도로에는 장갑차들이 달려왔지요. 시민들은 맨몸으로 장갑차를 막아섰고, 국회의원들은 군인과 경찰을 피해 담을 넘어 국회로 들어갔어요. 평화롭던 대한민국이 발칵 뒤집힌 순간이었지요.

이날 밤 10시 20분, 윤석열 대통령이 '비상계엄'을 **선포**하면서 이런 일이 벌어졌어요. 비상계엄은 전쟁이나 국가 비상사태 때 대통령이 군대를 동원해 질서를 유지하기 위해 내리는 특별한 명령이에요. 대한민국은 지금까지 비상계엄이 9번 내려졌는데, 마지막은 1979년 10월 26일 박정희 전 대통령이 총에 맞아 숨진 때였어요. 그런데 이번 비상계엄은 국가 비상사태가 아닌, 대통령이 야당에 경고하기 위해 선포한 것으로 알려졌어요.

국회에 들어간 국회의원 190명은 회의를 열고, 전원 찬성으로 비상계엄 **해제**를 요구했어요. 결국 12월 4일 새벽 4시 30분, 대통령은 계엄을 해제했지만, 시민들은 큰 충격을 받았지요. 분노한 시민들은 대통령 **탄핵**을 요구하는  시위를 벌였고, 국회의원들은 비상계엄이 불법임을 밝히기 시작했어요. 그리고 12월 14일, 국회에서 대통령을 탄핵하자는 안이 통과되었어요. 이제 윤석열 대통령은 탄핵 심판을 기다리고 있어요.

- **무장**(武 굳셀 무, 裝 꾸밀 장) 전투에 필요한 장비를 갖춤.
- **선포**(宣 알릴 선, 布 펼 포) 세상에 널리 알림.
- **해제**(解 풀 해, 除 덜 제) 묶인 것이나 무엇을 하지 못하게 했던 법 등을 풀어 자유롭게 함.
- **탄핵**(彈 퉁길 탄, 劾 캐물을 핵) 대통령·국무 위원 등이 맡은 임무를 그만두게 하거나 처벌하는 일.

생각 넓히기 ✏️

1. 적용 및 추론하기

1 기사를 읽고 사건이 일어난 순서에 맞게 번호를 써 보세요.

- 국회의사당에 군용 헬기 3대가 착륙했다. (　　)
- 윤석열 대통령이 비상계엄을 선포했다. (　　)
- 국회에서 대통령을 탄핵하자는 안이 통과되었다. (　　)
- 국회의원 190명은 회의를 열고, 전원 찬성으로 비상계엄 해제를 요구했다. (　　)
- 대통령이 계엄을 해제했다. (　　)

사건의 원인과 결과를 잘 연결하고, 기사에 나온 날짜와 시간을 주의 깊게 살펴봐.

2 우리나라 헌법에서는 국회에서 투표를 통해 대통령을 탄핵할 수 있도록 정해 두고 있습니다. 국회에서 대통령을 탄핵할 수 있도록 정해 둔 이유는 무엇일지 추론해 보세요.

① 국회에서 대통령을 마음대로 정할 수 있기 때문에
② 대통령이 권력을 함부로 사용하는 것을 막기 위해서
③ 국회가 대통령보다 더 큰 권력을 가져야 하기 때문에
④ 국회에서 비상계엄을 선포하기 위해서

기사 내용을 바탕으로 대통령의 권력과 국회의 역할이 어떻게 균형을 이루어야 하는지 생각해 봐.

지식 ○○ 쏙쏙

나라가 어두울 때 가장 밝은 걸 들고 나오는 대한민국 국민

국민에게 군대를 보낸 대통령을 탄핵하자는 시위에서 우리 국민의 모습에 세계가 감탄했대. 손에는 아이돌 응원봉 같이 빛나는 물건을 들고 춤추고 노래하며 질서 있게 시위했거든. 시위가 끝난 뒤에는 쓰레기까지 깨끗이 치우고 떠난 모습이 더욱 놀랍다고 했어. 한 외국 기자는 "나라가 어두울 때 가장 밝은 걸 들고 나오는 국민"이라며 칭찬 기사를 썼지.

✔ 2025년부터 AI 디지털 교과서 쓴다는데…, 찬성과 반대 뜨거워

'AI 디지털 교과서'는 인공 지능을 활용해 학습 자료를 제공하는 전자 교과서예요. 주로 태블릿 PC로 사용하며, 학생의 학습 능력을 분석해 개인 맞춤형 자료를 제공해요.

2023년 2월, 교육부는 AI 디지털 교과서를 **도입**해 개인 맞춤 학습을 제공하겠다고 발표했어요. 2025년 3월부터 초등학교 3~4학년, 중학교 1학년, 고등학교 1학년의 영어와 수학 교과서를 시작으로 2028년까지 모든 과목에 AI 디지털 교과서를 사용할 계획이에요. 처음에는 종이 교과서와 함께 사용하다가 2028년 이후에는 AI 디지털 교과서만 쓸 거라고 해요. 하지만 디지털 교과서 도입을 두고 찬성과 반대의 의견이 뜨겁게 맞서고 있어요.

찬성하는 쪽은 디지털 교과서가 학생들의 학습 데이터를 분석해 맞춤형 학습을 가능하게 할 거라고 말해요. 학생들은 자기 수준에 맞는 자료로 공부할 수 있고, 모르는 것은 바로바로 답을 얻을 수 있어요. 또 동영상 등 다양한 디지털 자료를 통해 종이 교과서로는 얻기 어려운 재미있고 효과적인 학습이 가능하다는 점도 강조하지요.

반대하는 쪽은 디지털 기기의 과도한 사용이 학생들에게 나쁜 영향을 줄 거라고 해요. 이미 스마트폰 중독이 심각한 상황에서 학교 공부까지 디지털 기기에 **의존**하게 되는 것을 걱정하는 거죠. 또 디지털 교과서로만 공부하면 학생들의 사고력과 문해력이 떨어진다는 연구 결과도 있다고 주장해요.

이렇게 찬성과 반대 의견이 팽팽한 가운데, AI 디지털 교과서 도입이 눈앞에 다가왔어요. 교육부는 다양한 의견을 검토하고 부족한 점을 **보완**해 철저히 준비하겠다고 했어요.

- **도입**(導 이끌 도, 入 들 입) 기술, 방법, 물자 등을 끌어 들임.
- **의존**(依 의지할 의, 存 있을 존) 다른 것에 마음을 기대어 도움을 받아 존재함.
- **보완**(補 채울 보, 完 완전할 완) 모자라거나 부족한 것을 보충하여 완전하게 함.

 생각 넓히기

2. 나의 생각 정리하기

1 'AI 디지털 교과서'에 대한 찬성과 반대 의견을 정리한 것입니다. □ 안에 알맞은 말을 써 보세요.

두 번째 문단에는 찬성 의견, 세 번째 문단에는 반대 의견이 쓰여 있어.

찬성	• 학생의 ☐☐형 학습을 가능하게 한다.
	• 모르는 것은 바로바로 ☐을 얻을 수 있다.
	• ☐☐ 있고 ☐☐적인 학습이 가능하다.
반대	• 디지털 기기에 ☐☐하게 된다.
	• ☐☐력과 ☐☐력이 떨어진다.

2 'AI 디지털 교과서'에 대한 나의 생각을 써 보세요.

나는 AI 디지털 교과서에 (찬성 / 반대)한다.

그 이유는 _____

_____

기사를 읽을 때는 내용을 바탕으로 자신의 생각을 정리하는 습관을 들이는 게 좋아.

지식 ○○ 톡톡

디지털 버리고 다시 종이 교과서로 돌아가는 핀란드

핀란드는 디지털 교육을 일찍 도입해 2018년부터 교실에서 종이 교과서가 사라졌어. 하지만 디지털 학습이 학생들의 집중력을 방해하고 학습 능력을 떨어뜨리는 문제가 나타났대. 그래서 핀란드는 디지털 교과서를 버리고 다시 종이 교과서로 돌아가고 있다고 해. 과연 우리나라의 AI 디지털 교과서 도입은 어떤 결과를 가져올까?

불만 많은 '학생 선수 최저학력제', 일단 미뤄지긴 했는데…

'학생 선수 최저학력제'는 학생 운동선수가 일정 기준의 학교 성적을 얻지 못하면 대회에 출전할 수 없게 하는 제도로, 학습권을 보장하기 위해 마련되었어요.

여러분 학교에도 학생 운동선수가 있나요? 학생 선수들은 대회 출전과 훈련으로 수업을 빠지거나 시험을 보지 못하기도 해요. 그런데 모든 학생 선수가 운동을 계속하는 건 아니에요. 부상이나 개인 사정으로 운동을 포기하고 다른 길을 갈 수도 있어요. 그러면 공부를 제대로 못 한 것이 대학에 들어가거나 직업을 갖는 데 문제가 될 수 있지요.

교육부는 2021년 '학생 선수 최저학력제'를 만들어 학생 선수들의 학습권을 보장하고 **진로** 선택을 돕기로 했어요. 2024년 2학기부터 초등학생 선수는 학교 평균 성적의 50%, 중학생은 40%, 고등학생은 30% 이상을 받아야 대회에 출전할 수 있게 했어요. 다만, 기준을 넘지 못한 고등학생은 온라인 교육을 들으면 대회에 나갈 수 있게 했지요.

하지만 학생 선수들은 이 제도에 **반발**했어요. 미술, 음악 분야와 달리 체육 분야만 **제재**를 받는 점, 학교마다 다른 평균 성적을 기준으로 한 점, 고등학생에게만 예외가 적용되는 점이 불공평하다고 주장했어요. 제도 시행 후 일부 선수는 성적 부족으로 운동을 포기하기도 했지요.

결국 교육부는 이런 지적을 받아들여 이 제도 시행을 잠시 미뤘고, 덕분에 대회 출전이 막혔던 초·중학생 선수 3,675명이 다시 대회에 나갈 수 있게 되었어요. 교육부가 곧 이 제도를 다시 시행해야 하는데, 더 나은 해결책을 찾을 수 있을까요?

- **진로**(進 나아갈 진, 路 길 로) 앞으로 나아갈 길.
- **반발**(反 거꾸로 반, 撥 튀길 발) 어떤 상태나 행동 등에 대하여 거스르고 반항함.
- **제재**(制 억제할 제, 裁 제어할 재) 법이나 규정을 어겼을 때 국가가 처벌이나 금지 등을 행함. 또는 그런 일.

정답 및 해설 166쪽

 생각 넓히기

2. 나의 생각 정리하기

1 '학생 선수 최저학력제'에 대한 의견을 찬성과 반대로 나누어 정리해 보세요.

> 내 생각을 정리하려면 다른 사람의 의견을 살펴보는 것이 큰 도움이 돼.

㉮ 체육 분야만 제재를 받는 것은 불공평하다.
㉯ 운동을 포기하고 다른 길을 갈 때 도움이 된다.
㉰ 고등학생에게만 예외가 적용되는 점이 불공평하다.
㉱ 운동을 잘하는 학생이 성적 부족으로 운동을 포기할 수 있다.
㉲ 학생 선수들의 학습권을 보장한다.
㉳ 다양한 진로에 대해 고민할 기회를 가질 수 있다.

찬성	반대

2 '학생 선수 최저학력제'에 대한 나의 생각을 써 보세요.

> 기사에서 나온 내용 외에 새로운 시각에서 의견을 제시하는 것도 좋은 방법이지.

나는 학생 선수 최저학력제에 (찬성 / 반대)한다.

그 이유는 _____

_____

_____

 지식 ○○ 톡톡

학생 선수들의 '운동권', '학습권', 모두 보장하려면?

우리나라 탁구 국가대표 신유빈 선수는 최저학력제 때문에 고등학교 진학을 포기하고 탁구에만 집중하고 있어. 이처럼 최저학력제는 학생 선수들의 '운동권'과 부딪히는 상황이야. 반면, 미국과 일본은 성적이 부족한 선수의 대회 출전을 제한해 '학습권'을 보장하려고 노력하고 있어. 과연 우리나라는 어떻게 학생 선수들의 '운동권'과 '학습권'을 모두 보장할까?

옥 쌤의 쏙쏙 어휘

제재
법이나 규정을 어겼을 때 국가가 처벌 등을 행함

대책
어떤 일에 대처할 계획이나 수단

도입
기술, 방법, 물자 등을 끌어 들임

과도
정도에 지나침

심각성
매우 중요하고 큰 성질

다양한 기술이 생활 속에 (기술, 방법, 물자 등을 끌어 들임)되면서 생활은 편리해졌어요. 하지만 (정도에 지나침)한 기술의 발전으로 인해 딥페이크 범죄와 같은 문제의 (매우 중요하고 큰 성질)도 커지고 있어요. 이러한 문제를 (법이나 규정을 어겼을 때 국가가 처벌 등을 행함)하고 해결하기 위해서는 적절한 (어떤 일에 대처할 계획이나 수단)을 마련해야 해요.

★ 위의 문장을 알맞은 어휘를 사용하여 바꾸어 볼까요?

다양한 기술이 생활 속에 _____되면서 생활은 편리해졌어요. 하지만 _____한 기술의 발전으로 인해 딥페이크 범죄와 같은 문제의 _____도 커지고 있어요. 이러한 문제를 _____하고 해결하기 위해서는 적절한 _____을 마련해야 해요.

선생님에게 보디 캠을 지급해야 한다는 의견이 있어요. 보디 캠으로 학생들의 학교생활을 기록하면 학교 폭력을 예방하는 데 도움이 될 거라는 이유에서지요. 여러분은 선생님의 보디 캠 착용에 대해 어떻게 생각하나요?

선생님의 보디 캠 착용은
학교 폭력 예방에 도움이 될까?
아니면 도움이 되지 않을까?

**저는 선생님의 보디 캠 착용이
학교 폭력 예방에 도움이 된다고
생각해요.**

왜냐하면 학생들이 카메라로 상황이 기록된다는 것을 알게 되면 행동을 더 조심하게 되고, 이에 따라 학교 폭력 발생이 줄어들 것이기 때문이에요.

**저는 선생님의 보디 캠 착용이
학교 폭력 예방에 큰 도움이 되지
않을 것이라고 생각해요.**

왜냐하면 선생님이 계시지 않은 곳에서는 여전히 학교 폭력이 발생할 가능성이 있기 때문이에요.

저는

왜냐하면

정답 166쪽

띵 똥 쉬는 시간

2024년 11월 9일, 소방의 날을 맞아 소방서를 견학했어. 마침 화재가 발생해 소방관들이 출동 준비를 하고 계셨지. 공기 호흡기, 특수 방화복, 방화 헬멧, 방화 신발 등 보기만 해도 무겁고 답답해 보이는 장비를 착용하셨어. 또, '보디 캠'이라는 작은 카메라도 착용하고 있었는데, 이 장비는 현장 상황을 기록하고 안전한 구조 작업을 돕는 데 사용된다고 해.

보디 캠에 찍힌 화재 진압 장면이야. 서로 다른 부분 5곳을 찾아볼까?

3장

경제 이슈

최저 임금   금리   요노

온라인 도박   가성비, 가심비

물가 상승   미투 상품

소시지 잘 팔리는 미국, 미국 경제의 어두운 신호

'대체재'는 서로 대신 쓸 수 있는 것을 말해요. 버터와 마가린, 쌀과 밀가루 등이 그 예이지요. 사람들은 돈이 부족할 때 원래 사려던 물건보다 싼 대체재를 선택해요.

'꿩 대신 닭'이라는 말을 들어 본 적 있나요? 꼭 필요한 것이 없을 때 그와 비슷한 것으로 대신한다는 뜻이지요. 지금 미국에서는 꿩 대신 닭처럼 고기 대신 소시지를 선택하는 일이 늘고 있어요.

2024년 8월 26일, 미국 댈러스 연방 준비은행은 미국의 소시지 판매가 늘었다는 조사 결과를 발표했어요. 조사에 따르면, 10명 중 6명이 소고기나 돼지고기 대신 소시지를 선택한다고 해요. 소시지는 돼지고기를 비롯한 여러 고기를 다져 만든 **가공식품**이에요. 소시지에는 **방부제** 등 건강에 좋지 않은 성분이 들어 있지만, 고기 가격의 3분의 1 정도로 싸기 때문에 사람들이 많이 찾고 있는 거예요.

소시지가 많이 팔리는 현상은 미국의 경제 상황과 관련이 있다고 해요. 2024년 7월, 미국의 물가 상승률은 2.9%로 2021년 이후 3년 4개월 만에 3% 아래로 떨어졌지만, 오랜 기간 높은 물가가 이어졌어요. 게다가 같은 달 **실업률**도 4.3%를 기록하며 경제적 어려움이 계속되고 있지요. 그러자 주머니 사정이 어려워진 미국인들이 식료품비를 줄이기 위해 비싼 고기의 대체재인 소시지를 선택한 거예요.

미국은 소시지 판매량이 늘어나고 있는 현상을 경제가 점점 어려워지고 있다는 신호로 보고 있어요. 이에 앞으로 발생할 수 있는 경제적 어려움에 대비하기 위해 대책을 마련하고 있다고 해요.

- **가공식품**(加 더할 가, 工 장인 공, 食 먹을 식, 品 물건 품) 채소, 고기 등을 인공적으로 처리하여 만든 식품.
- **방부제**(防 막을 방, 腐 썩을 부, 劑 약제 제) 미생물의 활동을 막아 물건이 썩지 않게 하는 약.
- **실업률**(失 잃을 실, 業 일 업, 率 비율 률) 인구 가운데 직업이 없는 사람이 차지하는 비율.

정답 및 해설 166쪽

옥 쌤의 독해 교실 ✏️

1. 주요 단어 살펴보기

1 다음 기사 속 문장에 사용된 '식료품비'에서 '비'의 뜻으로 가장 적절한 것을 골라 보세요.

교통비, 숙박비 등에서 '비'라는 단어가 사용돼.

> 미국인들이 식료품비를 줄이기 위해 비싼 고기의 대체재인 소시지를 선택한 거예요.

식료품	비
음식의 재료가 되는 물품	?

① 하늘에서 떨어지는 물방울
② 먼지나 쓰레기를 쓸어 내는 기구
③ 물건이나 서비스를 사기 위해 드는 돈
④ 돌에 글을 새기어 세워 놓은 것

원래 물건 대신 사용할 수 있는 물건에는 어떤 것들이 있을지 생각해 봐.

2 '꿩 대신 닭'의 의미를 생각하며, 비슷한 뜻을 담은 나만의 속담을 만들어 보세요.

(   ) 대신 (   )

지식 ○-○ 톡톡

1군 발암 물질 소시지, 적당히 먹는 게 좋아요

세계 보건 기구(WHO)는 소시지, 햄, 베이컨 같은 가공육을 담배와 같은 1군 발암 물질로 분류했어. 가공육에는 방부제 등 몸에 나쁜 성분이 들어 있지. 매일 50g 이상 먹으면 암에 걸릴 확률이 18%나 높아진다고 해. 물론 소시지를 먹는다고 반드시 암에 걸리는 건 아니지만, 건강을 위해 너무 많이 먹지 않는 게 좋겠지?

너무 많이 먹으면 위험!

2025년 최저 임금 '1만 30원', 모두가 불만인 까닭은?

일한 대가로 받는 돈을 '임금'이라고 해요. '최저 임금'은 일한 사람에게 최소한으로 주어야 하는 임금으로, 법으로 그 기준을 정해 둔 금액이에요.

2024년 8월 5일, 고용 노동부는 2025년 최저 임금을 시간당 1만 30원으로 발표했어요. 이는 2024년 최저 임금인 9,860원에서 약 1.7%(170원) 오른 금액으로, 월급으로는 한 달에 약 210만 원 정도예요. 최저 임금은 **근로자**의 생활 수준을 지키기 위해 매년 법으로 정해 발표하는데, 이번 최저 임금에 대해 근로자와 **사용자** 모두가 불만이에요.

근로자들은 최저 임금 1만 30원이 너무 적다고 주장했어요. 내년 물가가 2.6% 이상 오를 것으로 예상되는데, 임금을 1.7%만 올리면 실제로 임금이 줄어드는 것과 같다는 거죠. 근로자들은 오른 물가에 맞춰 생활하기 위해서는 최저 임금이 최소 1만 2,600원은 되어야 한다고 강조했어요.

반면, 사용자들은 최저 임금이 1만 원을 넘는 것이 부담스럽다는 입장이에요. 경제 상황이 좋지 않아 수익이 줄어든 상황에서 임금을 올리면 사업 운영이 어렵다는 거죠. 사용자들은 2025년에는 최저 임금을 올리지 말고 2024년과 같은 9,860원으로 유지해야 한다고 주장했어요.

최저 임금 위원회는 근로자 위원과 사용자 위원의 의견을 **조정**한 뒤 투표를 통해 '1만 30원'으로 결정했어요. 하지만 근로자도 사용자도 원하는 수준의 금액이 아니어서 불만이 계속되고 있어요. 매년 반복되는 이 같은 갈등을 해결하기 위해 모두가 만족할 수 있는 방안이 필요해 보여요.

- **근로자**(勤 부지런할 근, 勞 일할 로, 者 사람 자) 일을 해서 받은 돈으로 생활하는 사람.
- **사용자**(使 부릴 사, 用 쓸 용, 者 사람 자) 근로자를 고용하여 일을 시키고 돈을 주는 사람이나 단체.
- **조정**(調 고를 조, 停 멈출 정) 분쟁을 중간에서 화해하게 하거나 합의하도록 함.

정답 및 해설 166쪽

옥 쌤의 독해 교실 ✏️

1. 주요 단어 살펴보기

1 밑줄 친 '임금'과 의미가 다른 '임금'이 사용된 문장은 무엇일까요?

> 형태는 같지만 뜻이 다른 단어를 동형어라고 해.

> 2024년 8월 5일, 고용 노동부는 2025년 최저 임금을 시간당 1만 30원으로 발표했어요.

① 최저 임금이 처음으로 1만 원을 넘었다.
② 임금님이 드시던 밥상을 수라상이라고 한다.
③ 이번에 들어간 회사의 임금이 만족스럽다.
④ 직원들이 임금을 올려 달라고 요구했다.

2 밑줄 친 '당'과 의미가 다른 '당'이 사용된 문장은 무엇일까요?

> 단어 뒤에 붙어 의미를 추가하거나 바꾸는 요소를 접미사라고 해.

> 시간당 1만 30원

① 놀이공원의 입장료는 1인당 3만 원이다.
② 이건 한 사람당 한 개씩만 가져가야 한다.
③ 공연을 하기 위해 강당 한 곳을 빌렸다.
④ 이 생선은 한 마리당 3천 원이다.

지식 ○○ 쏙쏙

> 일을 시켰으면 적어도 최저 임금은 줘야 해요.

최저 임금도 주지 않고 일을 시키면 처벌받아요

최저 임금은 월급을 그만큼만 주라는 게 아니라, 그보다 적은 돈을 주고 일을 시키면 안 된다는 법으로 정한 기준이야. 1시간 일한 값으로 치킨 한 마리도 못 살 정도인 이 최저 임금마저 지키지 않으면 처벌을 받게 돼. 만약 최저 임금보다 적은 돈을 주고 일을 시키면, 최대 3년 이하의 징역이나 2천만 원 이하의 벌금을 물게 돼.

프로 야구 천만 관중 돌파! '가성비', '가심비' 다 잡았다

'가성비'는 '가격 대비 성능의 비율', '가심비'는 '가격 대비 심리적 만족의 비율'을 줄여 이르는 말이에요.

㉠프로 야구가 역사상 처음으로 **누적** 관중 수 1,000만 명을 돌파하며 엄청난 경제적 효과를 가져왔어요. 2024년 9월 15일 기준으로 프로 야구 누적 관중 수는 1,002만 758명에 달했고, 관객 입장료 수익만 1,500억 원을 넘었어요. 여기에 방송 중계권 수익과 유니폼을 비롯한 다양한 상품 판매 수익까지 더해져 프로 야구는 그 어느 때보다 큰 경제적 성과를 거두었어요.

㉡프로 야구가 이렇게 큰 인기를 얻은 첫 번째 이유는 '가성비'를 잡았기 때문이에요. 야구장 입장료는 좌석 종류와 요일에 따라 다르지만 평균 1만 5,000원 정도로, 영화 관람료와 비슷하고 뮤지컬이나 콘서트 같은 공연보다 훨씬 싸요. 이 가격으로 3시간에서 최대 6시간까지 야구 경기를 즐길 수 있으니, 다른 문화 활동보다 가성비가 좋은 셈이지요. 그래서 많은 사람들이 **여가**를 즐기기 위해 야구장을 찾는 거예요.

㉢두 번째 이유는 '가심비'를 잡았다는 점이에요. 2024년에는 특히 지방 야구단들이 좋은 성적을 거두면서 팬들의 관심이 한층 높아졌어요. 게다가 유튜브와 같은 누리 소통망(SNS)에 야구장 영상을 자유롭게 올릴 수 있게 해 자연스럽게 홍보 효과를 높였지요. 또 작년에 도입된 야구 자동 판정 시스템 덕분에 관객들이 경기에 더 **몰입**할 수 있게 되었어요. 이렇게 재미와 만족감을 더한 프로 야구는 사람들의 마음을 사로잡으며 큰 사랑을 받고 있어요.

- **누적**(累 포갤 누, 積 쌓을 적) 포개져 여러 번 쌓임.
- **여가**(餘 남을 여, 暇 겨를 가) 일이 없어 남는 시간.
- **몰입**(沒 빠질 몰, 入 들 입) 깊이 파고들거나 빠짐.

옥 쌤의 독해 교실 ✏️

2. 중심 문장 파악하기

1 글쓴이가 이 기사를 쓴 이유가 <u>아닌</u> 것은 무엇일까요?

글의 목적에 따라
내용이 구성돼.

① 프로 야구가 많은 인기를 얻고 있다는 사실을 알리려고
② 프로 야구 인기의 이유를 분석하려고
③ 우리나라 프로 야구의 순위를 소개하려고
④ 프로 야구 누적 관중 수가 천만 명을 넘어섰다는 사실
을 알리려고

2 다음은 ⓛ 문단과 ⓒ 문단의 중심 문장을 정리한 내용
입니다. 빈칸을 채워 문장을 완성해 보세요.

각 문단에서는
프로 야구가 인기를
얻은 이유를 설명하고
있어.

• ⓛ 문단: 프로 야구가 큰 인기를 얻은 첫 번째 이유는

□□□ 를 잡았기 때문이다.

• ⓒ 문단: 두 번째 이유는 □□□ 를 잡았다는 점이다.

 저석 ○○ 쏙쏙

아저씨가 보는 야구는 옛말, 이제는 2030 여성 팬이 대세

요즘은 20대에서 30대 젊은 여성들이 야구장을 많이
찾는다고 해. 2024년 7월, 한여름 무더위 속에서 열린
야구 경기에서는 여성 관중 수가 남성보다 두 배 이상
많았다는 기록도 세웠어. 야구 경기 관람을 넘어, 음악
공연, 먹거리, 그리고 이색적인 이벤트까지 즐길 수 있
는 야구장의 다양한 문화적 매력이 젊은 여성들을 끌어
모으고 있는 거지.

"빌려줄 때 이자 더 받아요." 은행이 돈 버는 금리의 세계

돈을 빌리거나 맡길 때 발생하는 이자나 그 비율을 '금리'라고 해요. 은행이 돈을 빌려줄 때는 '대출 금리', 은행에 돈을 맡길 때는 '예금 금리'가 적용돼요.

㉠은행은 어떻게 돈을 벌까요? 사람들이 은행에 돈을 맡기면, 은행은 그 돈을 필요한 사람에게 빌려줘요. 은행에 돈을 맡기는 것을 '예금'이라 하고, 은행에서 돈을 빌려주는 것을 '대출'이라 해요. 은행은 예금한 사람에게 원금과 **이자**를 돌려주고, 대출한 사람에게는 원금과 이자를 돌려받

지요. 이때 원금에 비해 이자가 얼마나 발생하는지 비율로 나타낸 것이 '금리'예요. 은행은 대출 금리를 예금 금리보다 높게 정해서, 예금한 사람에게 주는 이자보다 대출한 사람에게 이자를 더 많이 받아 돈을 버는 거예요.

㉡그러면 은행은 대출 금리를 높이고 예금 금리를 낮추어 돈을 더 많이 벌고 싶겠지요? 하지만 금리는 은행이 마음대로 정할 수 없어요. 우리나라의 중앙은행인 한국은행이 금리의 기준을 정하는데, 이를 '기준 금리'라고 해요. 2024년 10월 11일, 한국은행은 대출 이자 부담을 줄이고 **투자**와 소비를 살리기 위해 3년 넘게 유지하던 기준 금리 3.5%를 3.25%로 내렸어요.

㉢하지만 기준 금리 **인하**가 은행의 대출 금리 인하로 바로 이어지지는 않았어요. 은행들이 기준 금리 인하를 예상하고 예금 금리와 대출 금리를 미리 낮췄기 때문이에요. 게다가 최근에는 대출 금리가 오히려 조금씩 오르고 있어요. 예금 금리는 낮은데 대출 금리는 높아져, 예금을 하거나 대출을 받으려는 사람들의 걱정이 커지고 있어요.

- **이자**(利 이로울 이, 子 접미사 자) 남에게 돈을 빌려 쓴 대가로 치르는 일정한 비율의 돈.
- **투자**(投 던질 투, 資 재물 자) 이익을 얻기 위하여 어떤 일이나 사업에 돈을 대거나 시간이나 정성을 쏟음.
- **인하**(引 끌 인, 下 아래 하) 가격 등을 낮춤.

정답 및 해설 167쪽

옥 쌤의 독해 교실 ✏️

2. 중심 문장 파악하기

1 다음은 ⊙ 문단의 중심 문장을 정리한 내용입니다. 빈 곳에 알맞은 말을 써넣고, 중심 문장의 의미에 맞게 ○ 안에 >, =, <를 알맞게 써 보세요.

첫 문장에서 질문을 던지고 있어. 이 질문에 대한 답이 글의 중심 문장이지.

은행은 (　　　　　) 사람에게 주는 이자보다
(　　　　　) 사람에게 이자를 더 많이 받아 돈을 번다.

⇩

(대출한 사람에게 받는 이자) ◯ (예금한 사람에게 주는 이자)

2 다음은 ⓛ 문단의 중심 문장을 정리한 내용입니다. 알맞은 말에 ○표 해 보세요.

한국은행은 대출 이자 부담을 줄이고 투자와 소비를 살리기 위해 기준 금리를 조절한다고 해.

한국은행은 대출 이자 부담을 줄이고 투자와 소비를 살리기 위해 기준 금리를 3.25%로 (올렸다 / 내렸다).

지식 ○○ 쏙쏙

100만 원을 예금하면 이자로 20만 원을 주던 때가 있었다고?

요즘에는 100만 원을 1년 동안 예금해도 이자는 고작 2~3만 원 정도밖에 안 돼. 그런데 1980년대에는 보통 예금 금리가 연 20%나 되었어. 그때는 100만 원을 예금하면 1년 동안 이자로 20만 원을 받을 수 있었던 거지. 예금 금리가 떨어진 이유는 저축, 투자, 소비, 그리고 경제 개발 등 복잡한 경제 상황이 서로 맞물려 있기 때문이야. 앞으로 다시 예금 이자가 이렇게 높아지는 날이 올 수 있을까?

요즘 젊은이들은 '욜로'가 아니라 '요노'랍니다

'욜로(YOLO)'는 'You Only Live Once'의 줄임말로 '인생은 한 번뿐'이라는 뜻이고, '요노(YONO)'는 'You Only Need One'의 줄임말로 '꼭 필요한 것은 한 개뿐'이라는 뜻이에요.

2024년 여름, 한 20대 인기 여배우가 예능 방송에서 1만 원으로 하루를 사는 모습을 보여 주었어요. 시장에서 가격이 싼 음식을 먹고, 사고 싶은 물건은 눈으로만 보며 참는 모습이 많은 젊은이의 공감을 얻었지요. 이 여배우처럼 꼭 필요한 것에만 돈을 쓰며 절약하는 젊은이들이 점점 늘어나고 있어요.

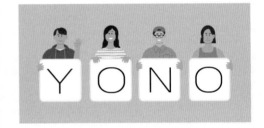

전문가들은 이런 현상을 두고 '욜로'가 가고 '요노'가 왔다고 설명해요. 욜로는 인생은 한 번뿐이라며 하고 싶은 것에 아낌없이 돈을 쓰던 문화를 말해요. 몇 년 전만 해도 20~30대는 해외여행, 명품, 비싼 음식에 아낌없이 돈을 쓰며 욜로를 외쳤지요. 그런데 최근에는 꼭 필요한 것에만 지갑을 여는 요노 문화가 유행하고 있어요.

요노를 따르는 젊은이들에게 가장 중요한 것은 절약이에요. 자신에게 꼭 필요한 물건인지 꼼꼼히 따져 보고, 가성비 높은 물건을 선택하지요. 그래서 젊은이들 사이에서는 사치품 구매가 줄고, 중고 거래가 활발해지고 있어요. 또 외식 대신 집밥을 먹고, 커피 같은 음료 소비도 줄이고 있다고 해요. 이렇게 요노가 유행하게 된 가장 큰 이유는 높은 물가 때문이에요. 이런 요노의 유행에 대해 젊은이들의 빠듯한 주머니 사정이 안타깝다는 목소리도 있지만, 다른 세대들도 요노를 본받아 현명한 소비를 함께하자는 의견도 나오고 있어요.

- **절약**(節 알맞을 절, 約 아낄 약) 함부로 쓰지 않고 꼭 필요한 데에만 써서 아낌.
- **사치품**(奢 뽐낼 사, 侈 분에 넘칠 치, 品 물건 품) 분수에 지나치거나 생활의 필요 정도에 넘치는 물품.
- **중고**(中 가운데 중, 古 옛 고) 이미 사용했거나 오래된 물건.

옥 쌤의 독해 교실 ✏️

3. 세부 내용 파악하기

1 기사의 내용과 일치하는 것은 무엇인가요?

① 요노가 가고 욜로가 왔다.

② 욜로를 따르는 젊은이들에게 가장 중요한 것은 절약이다.

③ 젊은이들에게 요노가 유행하게 된 가장 큰 이유는 높은 물가 때문이다.

④ 꼭 필요한 것에만 지갑을 여는 것은 욜로 문화이다.

욜로와 요노가 어떤 의미를 가지고 있는지 잘 살펴봐.

2 욜로, 요노와 관련된 말을 모두 찾아 선으로 이어 보세요.

· 인생은 한 번뿐이다

욜로 ·   · 집밥

· 해외여행, 명품, 비싼 음식

· 가성비

요노 ·   · 현명한 소비

· 사치품

이 기사는 요즘 유행하는 요노를 욜로와 비교하여 설명하고 있어.

지식 ○○ 톡톡

요노가 불러온 '무지출 챌린지'

요노 문화가 인기를 끌며 '무지출 챌린지'라는 새로운 유행도 생겼어. 무지출 챌린지는 말 그대로 일정 기간 동안 돈을 한 푼도 쓰지 않는 도전을 말해. 이렇게 요노 문화는 절약을 넘어 아예 소비를 하지 말자는 흐름까지 만들어 냈지. 하지만 소비를 완전히 멈추는 것은 경제에 나쁜 영향을 미칠 수 있어. 물건이나 서비스를 사는 사람이 있어야 경제가 돌아가기 때문이야.

세뱃돈 저축하러 은행에 갔는데, "어? 예금, 적금이 뭐지?"

은행에 돈을 저축하는 방법은 크게 예금과 적금이 있어요. 예금은 돈을 한 번에 저축하는 것이고, 적금은 일정 기간 동안 매달 약속한 금액을 나눠 저축하는 거예요.

하윤이는 설날에 어른들께 세배를 드리고 세뱃돈을 받았어요. 저금통에 돈을 넣어 두기보다는 이자가 붙는 저축을 해 보려고 은행에 갔지요. 그런데 은행 직원이 물었어요. "예금이나 적금 상품이 많은데, 어떤 걸로 하시겠어요?" 그냥 돈을 맡기려는 하윤이는 궁금했어요. 예금과 적금이 어떻게 다른 걸까요?

먼저 예금은 돈을 한 번에 저축하는 방식으로, 보통 예금과 정기 예금이 있어요. 보통 예금은 필요할 때 언제든 돈을 찾을 수 있지만, 정기 예금은 6개월, 1년처럼 약속한 기간 동안 돈을 맡겨야 해요. 대신 보통 예금보다 정기 예금의 이자가 더 높고, 맡기는 기간이 길수록 이자를 더 많이 받을 수 있지요. 다만, 약속 기간 전에 돈을 찾으면 이자를 제대로 받지 못해요.

적금은 일정 기간 동안 매달 약속한 금액을 나눠 저축하는 방식으로, 정기 적금이라고도 해요. 적금도 정기 예금처럼 맡기는 기간이 길수록 이자를 더 많이 받지요. 하지만 매달 약속한 금액을 넣지 않거나 중간에 해지하면 이자를 제대로 받을 수 없어요.

이처럼 예금과 적금의 특징을 알고 자신에게 맞는 방법으로 저축하는 게 중요해요. 내가 가진 돈을 한 번에 넣을 것인지, 매달 나눠 넣을 것인지, 또 얼마 동안 저축할 것인지를 잘 따져야 해요. 그리고 은행마다 이자가 다르니, 이자를 더 많이 받을 수 있는 것을 고르는 것이 좋답니다.

- **세배**(歲 해 세, 拜 절 배) 설날에 웃어른께 인사로 하는 절.
- **저축**(貯 쌓을 저, 蓄 모을 축) 쌓아 모아 둠.
- **해지**(解 풀 해, 止 그칠 지) 계약한 사람 중 한쪽의 사정 때문에 계약을 취소하는 것.

옥 쌤의 독해 교실 ✏️

3. 세부 내용 파악하기

1 기사의 내용에 맞게 표를 완성해 보세요.

두 가지 대상을
비교할 때는 공통점과
차이점을 함께 살펴보는
것이 중요해.

	예금	적금
공통점	• 은행에 돈을 저축하는 방식이다. • 맡긴 돈에 대해 ☐☐ 를 받을 수 있다.	
차이점	돈을 (한 번에 / 나눠) 저축하는 방식이다.	돈을 (한 번에 / 나눠) 저축하는 방식이다.

2 소정이에게 추천하기 알맞은 저축 방법을 골라 보세요.

기사에서는 상황에
따라 적절한 저축 방법을
추천하고 있어.

[소정이의 고민]
이번 추석에 친척들에게 용돈 50만 원을 받았어.
지금 당장 이 돈을 쓰지 않고 저축해 두었다가 어
른이 되면 해외여행을 가는 데 보태 쓰고 싶어.

① 아무도 가져가지 못하게 돼지 저금통에 돈을 넣어 둬.
② 보통 예금에 넣어서 필요할 때 꺼내 써.
③ 정기 적금으로 매달 5만 원씩 저축하는 게 좋겠어.
④ 어른이 될 때까지 50만 원을 정기 예금에 넣어 두는 게 좋겠어.

지식 ○○ 톡톡

은행이 망해도 맡긴 돈을 지켜 주는 '예금자 보호법'

은행에 예금이나 적금을 맡겨 두었는데, 은행이 망하면 어떻게 될
지 생각해 본 적 있니? 혹시 저축한 돈을 모두 잃게 될까 불안할
수도 있어. 하지만 이런 상황을 대비해 '예금자 보호법'이 마련되
어 있어. 은행이 망해서 고객의 돈을 돌려주지 못하면, 예금 보험
공사가 대신 돈을 주는 거지. 이 법에 따라 1인당 최대 5천만 원
까지 보호받을 수 있어.

○○○ 도박, 어린이도 위험하다!

'신용 불량자'란 은행 등에 빌린 돈을 갚지 못해 금융 거래가 어려워진 사람을 말해요. 요즘 온라인 도박으로 신용 불량자가 되는 일이 사회 문제로 떠오르고 있어요.

우리는 흔히 도박은 어른들만의 문제라고 생각해요. 예전에는 그랬지만, 요즘은 어린이들도 온라인으로 도박을 쉽게 접할 수 있어요. 2022년 초중고 학생 1만 8,444명을 대상으로 한 조사에 따르면, 38.8%가 도박을 해 본 적이 있다고 답했어요. 초중고 학생 10명 중 4명 가까이가 도박을 경험했다는 건 충격적이지요. 더 놀라운 건 도박을 시작한 평균 나이가 11.3세였고, 대부분 온라인에서 처음 접했다는 점이에요.

청소년들은 처음에는 게임인 줄 알고 시작했다가 점점 중독되고, 도박하는 돈을 마련하려고 범죄까지 저지르는 경우가 많아요. 경찰청 발표에 따르면, 2023년 9월부터 2024년 10월까지 잡힌 도박 범죄자 9,971명 중 약 47%인 4,715명이 청소년이었어요. 17세가 가장 많았지만, 초등학생도 포함되어 있었다고 해요.

온라인 도박은 게임처럼 보여도 범죄예요. 게다가 돈을 따더라도 결국은 잃게 되어 있어요. 도박은 판을 만든 사람이 돈을 벌도록 설계되어 있기 때문이에요. 이런 도박에 빠져 빚을 지고 갚지 못해 신용 불량자가 되는 사람이 많아요.

우리 어린이들은 온라인에서 돈을 벌도록 해 준다는 게임 광고가 보여도 절대로 클릭하지 말고, 주변에서 이런 게임을 해 보라고 권유를 받더라도 단호히 거절해야 해요. 온라인 도박은 하지 않아야 할 행동이라는 걸 꼭 명심해요.

- **도박**(賭 걸 도, 博 노름 박) 돈이나 재물을 걸고 서로 내기를 하는 일.
- **접하다** 가까이 대하다.
- **중독**(中 맞을 중, 毒 독할 독) 어떤 생각이나 사물에 젖어 버려 정상적으로 사물을 판단할 수 없는 상태.
- **설계**(設 세울 설, 計 꾀할 계) 계획을 세움. 또는 그 계획.

옥 쌤의 독해 교실 ✏

4. 한 문장으로 정리하기

1 기사의 내용에 알맞게 제목을 지어 보세요.

 도박, 어린이도 위험하다!

기사의 제목은 내용을 잘 나타내면서도 사람들의 관심을 끌 수 있는 표현을 사용하는 것이 좋아.

2 이 기사는 누가 읽을 것이라고 생각하고 쓴 기사일까요?

① 선생님　　② 어린이　　③ 노인　　④ 외국인

3 글쓴이의 생각을 한 문장으로 바르게 정리한 것을 고르세요.

① 온라인 도박은 범죄이므로 절대 해서는 안 된다.
② 온라인 도박에 관심을 가져야 한다.
③ 온라인 도박을 하는 사람을 강하게 처벌해야 한다.
④ 어린이에게 게임을 하도록 해서는 안 된다.

기사에는 사건에 대한 글쓴이의 의견과 생각이 자연스럽게 들어가기도 해.

지식 ○-○ 쏙쏙

온라인 도박은 게임이 아닌 범죄, 이런 처벌을 받아요

청소년들이 온라인 도박을 쉽게 접하는 이유는 게임처럼 보이고 은행 계좌만 있으면 회원 가입이 가능하기 때문이야. 하지만 온라인 도박은 범죄이며, 이를 저지르면 1천만 원 이하의 벌금을 내야 하고, 심각한 경우 3년 이하의 징역형을 받을 수 있어. 또 도박죄는 범죄를 저지른 뒤 5년까지 처벌이 가능하므로 어릴 때 한 도박 때문에 어른이 되어 처벌받을 수도 있어.

흔해지고 맛없어지고, 샤인 머스캣 인기 뚝! 가격 뚝!

'샤인 머스캣'은 1988년 일본에서 개발된 포도 품종으로, 2005년 이후 우리나라에 들어왔어요. 씨가 없고 껍질째 먹을 수 있으며 단맛이 강해 인기가 많아요.

'샤인 머스캣'은 달콤하고 아삭한 식감에 망고의 맛과 향까지 더해져 큰 인기를 끌었어요. 2020년까지만 해도 2kg 한 상자가 4만 원을 넘길 정도로 비싸며 '명품 과일'로 불렸지요. 그런데 2024년 10월, 서울 가락 시장에서 샤인 머스캣은 2kg에 7,959원에 팔려요. 불과 3년 사이 평균 가격이 56% 이상 떨어졌다고 해요. 명품 과일 샤인 머스캣의 가격이 왜 이렇게 싸졌을까요?

가장 큰 이유는 샤인 머스캣 공급이 늘었기 때문이에요. 샤인 머스캣이 비싸게 팔리자 너도나도 샤인 머스캣을 재배했어요. 2016년 278헥타르였던 재배 면적이 2023년에는 6,576헥타르로 23배 넘게 늘었어요. 가락 시장의 샤인 머스캣 출하량도 2021년 1만 6,839톤에서 2024년 2만 151톤으로 크게 늘었지요. 이렇게 공급이 과잉되자 가격이 떨어진 거예요.

품질 관리를 잘못한 것도 문제였어요. 샤인 머스캣을 맛있게 기르려면 가지 하나당 열매 하나만 남기고 나머지는 따 내야 해요. 또 열매는 120일 이상 충분히 익혀야 해요. 그런데 더 많이 팔려고 가지를 그대로 두거나, 명절에 비싼 값에 팔려고 덜 익은 상태에서 수확하는 경우가 많았어요. 이런 샤인 머스캣은 껍질이 질기고 달지도 않으며 망고 맛과 향도 부족했지요. 결국 소비자들이 맛없는 샤인 머스캣을 외면하면서 가격이 더 떨어질 수밖에 없었어요.

- **출하량**(出 날 출, 荷 짐 하, 量 헤아릴 량) 생산자가 생산품을 시장으로 내보낸 양.
- **공급**(供 드릴 공, 給 줄 급) 시장에 돈이나 물건, 서비스 등을 제공하는 일. 또는 그 제공된 상품의 양.
- **과잉**(過 지나칠 과, 剩 남을 잉) 예정하거나 필요한 수량보다 많아 남음.

옥 쌤의 독해 교실 ✏️

ㄴ. 한 문장으로 정리하기

1 샤인 머스캣의 가격이 떨어진 첫 번째 이유를 한
문장으로 정리한 것입니다. 보기에서 알맞은 단어
를 골라 문장을 완성해 보세요.

기사는 주변에서
일어나는 문제나 상황을
사람들에게 정확한
정보로 전달하는
역할을 해.

> 〈보기〉
> 맛있게   비싸게   질기게
> 수요   공급   손님

샤인 머스캣이 [   ] 팔리자 너도나도

샤인 머스캣을 재배하며 [   ]이/가 늘었기 때문이다.

2 샤인 머스캣의 가격이 떨어진 두 번째 이유를 한 문장
으로 정리한 것입니다. 문장을 완성해 보세요.

사람들이
샤인 머스캣을 사 먹지
않게 된 이유가 무엇인지
생각해 봐.

샤인 머스캣의 [   ] 관리를 잘못했기 때문이다.

 지식 ○○ 톡톡

값싼 중국산 샤인 머스캣까지 몰려온다면?

샤인 머스캣을 개발한 일본이 품종 등록을 하지 않은 탓에, 전 세계에
서 일본에 돈을 내지 않고도 샤인 머스캣을 재배할 수 있게 되었어. 중국
은 과거 우리나라에서 재배한 샤인 머스캣을 비싸게 수입했지만, 최근에
는 우리보다 10배 더 많은 양을 재배하고 있다. 값싼 중국산 샤인 머스캣
이 들어오면 우리나라 샤인 머스캣의 가격은 더 떨어질 거야.

팍팍한 살림살이에 서민들 못 갚은 빚만 늘어…

'연체'란 빌린 돈과 이자를 정해진 기간 안에 갚지 못하는 것을 말해요. 연체가 계속되면 신용 등급이 낮아져 은행 거래가 어려워지고, 끝내 갚지 않으면 법으로 처벌을 받을 수도 있어요.

2024년, 살림살이가 팍팍하다는 서민들의 목소리가 높아지고 있어요. 코로나19 위기가 끝나고 경제 회복을 기대했지만, 현실은 달랐거든요. 물가는 계속 오르는데 월급은 그대로이니 많은 사람이 씀씀이를 줄이고 있어요. 외식이나 쇼핑을 하지 않자 가게들은 손님이 줄어들어 문을 닫는 경우도 많아졌어요. 여기에 은행 금리까지 높아지면서 대출한 돈을 갚지 못하는 사람도 늘어났어요.

2024년 10월 18일, 금융 감독원이 발표한 자료에 따르면, 8월 말 기준 국내 은행의 대출 연체율은 0.53%로, 전년 같은 기간보다 0.1%p 올랐어요. 이는 2018년 11월 이후 가장 높은 수치라고 해요. 그만큼 많은 사람이 은행 빚을 못 갚고 있다는 거죠. 은행 빚뿐만 아니라 신용 카드 대금을 갚지 못해 생기는 카드 연체도 늘어났어요. 2023년 말 기준 우리나라 8개 카드 회사의 1개월 이상 카드 대금 연체액은 총 2조 924억 원으로, 전년 같은 기간에 비해 30%나 올랐다고 해요.

이처럼 연체가 늘어나는 것은 서민들의 살림살이가 얼마나 어려운지를 보여 줘요. 연체가 계속되면 은행 거래가 어려워질 수 있어요. 그러면 서민들은 돈을 마련하기 위해 불법으로 비싼 이자를 받고 돈을 빌려주는 업체를 찾게 될 가능성이 커지고, 이는 더 큰 경제적 어려움으로 이어질 수 있어요. 이를 막기 위해 정부는 서민들을 위한 금융 정책 마련에 힘쓰겠다고 밝혔어요.

- **팍팍하다** 삶의 여유가 없고 힘겹다.
- **대출**(貸 빌릴 대, 出 날 출) 돈이나 물건 등을 빌려주거나 빌림.
- **대금**(代 대신할 대, 金 돈 금) 물건의 값으로 치르는 돈.

 생각 넓히기 ✏️

1. 적용 및 추론하기

1 다음 중 바르게 추론한 것은 무엇일까요?

① 물가는 오르는데 월급은 그대로면 실제로는 살 수 있는 물건이 많아진 것과 같다.

② 은행 금리가 낮아지면 돈을 갚기 더 힘들어질 것이다.

③ 2023년 8월 말 기준 국내 은행의 대출 연체율은 0.43%였을 것이다.

④ 2024년에는 코로나19가 아직 유행하고 있는 것 같다.

기사의 단서들을 활용해 기사에 나와 있지 않은 사실을 추론해 봐.

2 셋째 문단에서 밑줄 친 '더 큰 경제적 어려움'이 일어나는 과정에 맞게 □ 안에 기호를 써 보세요.

사건의 원인과 결과를 연결 지어 생각하며 내용을 정리해 봐.

⑦ 은행 거래가 어려워진다.
⑥ 은행 빚이 연체된다.
⑭ 살림살이가 어렵다.
⑭ 은행과 거래할 수 없는 사람들이 불법으로 돈을 빌려주는 곳을 찾는다.
⑪ 불법으로 돈을 빌려주는 곳의 비싼 이자 때문에 돈을 갚지 못한다.

⑭ → ☐ → ☐ → ☐ → ⑪

지식 ○○ 쏙쏙

나라가 빚을 대신 갚아 주기도 한다고?

서민 금융 진흥원은 소득이 낮은 서민들을 위해 이자를 적게 받고 대출해 주는 사업을 하고 있어. 그런데 대출받은 사람들이 돈을 못 갚으면 대신 갚아 주는 '대위 변제'를 해 주기도 하지. 2024년 8월 말까지 서민 금융 진흥원이 대위 변제로 갚은 금액이 1조 원을 넘었대. 이 돈은 복권 기금 같은 곳에서 마련한다고 해.

'미투 상품' 이렇게 똑같이 만들어도 괜찮은 걸까?

'미투(me too)'는 '나도 똑같이'라는 뜻으로, '미투 상품'은 인기 상품을 따라 비슷하게 만든 제품이에요. 인기 상품처럼 보이게 해 잘 팔리도록 만든 거죠.

종현이는 편의점에 과자를 사러 갔어요. 친구가 새로 나온 먹태 맛 과자가 맛있다고 해서 사 먹어 보려던 참이었지요. 그런데 먹태깡, 먹태칩, 먹태이토, 먹태나쵸처럼 이름과 포장이 비슷한 먹태 맛 과자가 너무 많았어요. 어떤 게 친구가 말한 과자인지 알 수가 없었지요. 종현이는 궁금했어요. '왜 이렇게 비슷한 과자가 많은 거야?'

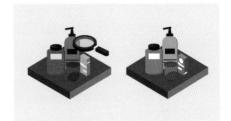

종현이가 본 것은 인기 있는 먹태 맛 과자의 '미투 상품'들이었어요. 미투 상품은 인기 상품의 성분, 포장, 이름 등을 비슷하게 만들어 소비자가 구매하도록 유도해요. 하지만 미투 상품은 원조 상품을 그대로 베껴 만든 불법 '짝퉁 상품'과는 달라요. 짝퉁 상품은 만든 회사의 이름과 상품 이름까지 따라 해 원조 상품인 것처럼 속여 파는 불법 제품이거든요. 반면, 미투 상품은 원조 상품의 특징을 일부 따라 하지만 상표와 회사 이름은 그대로 사용하지 않아요. 그리고 다른 특징을 몇 가지 더해 법적인 문제가 일어나지 않게 해요.

미투 상품이 꼭 나쁜 것만은 아니에요. 비슷한 상품들이 경쟁하면서 가격이 내려가고 품질이 좋아지는 효과도 있거든요. 하지만 새로운 연구 없이 인기 상품을 따라 한다는 비난을 피하기는 어려워요. 법적으로 문제가 없고 좋은 점이 있다고 해도 미투 상품이 지나치게 많아지면 시장에 새롭고 창의적인 상품이 나오는 걸 방해할 수 있답니다.

- **유도**(誘 꾈 유, 導 이끌 도) 사람이나 물건을 목적한 장소나 방향으로 이끎.
- **원조**(元 으뜸 원, 祖 조상 조) 어떤 사물이나 물건의 최초 시작으로 인정되는 사물이나 물건.
- **경쟁**(競 겨룰 경, 爭 다툴 쟁) 같은 목적에 대하여 이기거나 앞서려고 서로 겨룸.

생각 넓히기

1. 적용 및 추론하기

1 먹태 맛 과자의 '미투 상품'이 생겨난 이유를 추론해 보세요.

'미투 상품'처럼 기존에 없던 새로운 단어가 생겨나기도 해.

① 먹태를 만드는 생선이 많이 잡혔기 때문이다.
② 모두 같은 회사에서 만들었기 때문이다.
③ 먹태가 건강에 도움이 되기 때문이다.
④ 처음 나온 먹태 맛 과자가 사람들에게 인기가 있었기 때문이다.

2 다음 중 기사에서 이야기한 '미투 상품'에 가장 알맞은 예는 무엇인지 골라 보세요.

기사에 나온 단어의 뜻을 정확히 이해했다면, 실제 생활에서도 그 단어를 자연스럽게 사용할 수 있어야 해.

① A 회사는 초코 맛 과자가 소비자에게 인기가 없자, 감자 맛 과자로 바꾸어 출시했다.
② B 회사는 10년 전에 판매를 중단했던 매운맛 과자를 다시 팔기로 결정했다.
③ C 회사에서 만든 꿀맛 감자 과자가 인기를 끌자, D 회사에서 다른 꿀맛 과자를 만들었다.
④ 한 TV 프로그램에서 요리사가 밤 맛 케이크를 만들자, 편의점에서 밤 맛 케이크가 출시되었다.

지식 ○○ 쏙쏙

'메로나'와 '메론바' 전쟁, 미투 상품일까, 표절일까?

빙그레가 1992년에 만든 멜론 맛 아이스크림 '메로나'와 서주의 '메론바'가 법적 다툼을 벌이고 있어. 서주의 메론바는 메로나를 따라 만든 미투 상품인데, 포장까지 너무 비슷해서 빙그레는 특허권을 침해한 표절이라고 주장하고 있지. 그런데 법원은 과일의 색은 누구나 쓸 수 있는 거라며 표절이 아니라고 판결했어. 빙그레는 두 번째 재판 결과를 기다리고 있는데, 과연 누가 이기게 될까?

영화 티켓은 할인받았는데…, "어? 팝콘값이 왜 이리 비싸?"

영화관은 관객이 한 명이든 백 명이든, 영화를 상영할 때마다 일정하게 드는 비용이 있어요. 이런 비용을 '고정 비용'이라고 해요.

요즘 영화관에 가서 영화를 본 적이 있나요? 온라인 동영상 서비스(OTT)가 늘면서 영화관을 찾는 사람이 줄었어요. 영화 한 편 보는 값이면 OTT를 한 달 이상 볼 수 있거든요. 상영관 종류와 시간대에 따라 다르지만, 요즘 영화 티켓값은 1만 5천 원

CJ CGV 영화 관람료
성인 2D 주중 기준 (단위: 원)
자료: 영화 진흥 위원회

정도예요. 2020년에는 1만 2천 원이었는데, 매년 조금씩 올라 지금의 가격이 되었지요. 그런데 2024년 7월 영화 진흥 위원회의 자료에 따르면, 사람들이 실제로 영화를 보는 데 낸 평균 금액은 9,698원이었다고 해요. 어떻게 이렇게 싸게 영화를 보는 걸까요?

비밀은 영화관의 할인 제도에 있어요. 영화관은 통신사나 카드사와 **제휴**해 다양한 할인 **혜택**을 제공하기에, **제값**을 주고 영화를 보는 사람은 거의 없지요. 티켓값 중 세금과 영화 제작사 등에 주는 돈을 빼면 영화관이 가져가는 돈은 약 5,900원이에요. 그런데 할인 혜택까지 제공하면 영화관이 가져가는 금액은 더 줄어들 텐데, 왜 이렇게 할인을 해 줄까요?

영화관은 고정 비용 때문에 할인을 해서라도 관람석을 채우는 게 이득이에요. 또 영화관의 진짜 **수익**은 '팝콘'에서 나와요. 영화관에서 파는 팝콘, 음료 등은 밖에서 사는 것보다 훨씬 비싸요. 하지만 관객들은 편리함 때문에 이것들을 사 먹지요. 이 수익은 영화관이 고스란히 가질 수 있어요. 이렇게 영화관은 티켓값을 할인하면서도 팝콘, 음료 등으로 돈을 번답니다.

● **제휴**(提 들 제, 携 이끌 휴) 행동을 함께하기 위하여 서로 붙들어 이끎.
● **혜택**(惠 은혜 혜, 澤 은덕 택) 은혜와 베풀어 준 도움을 아울러 이르는 말.
● **제값** 물건의 가치에 맞는 가격.
● **수익**(收 거둘 수, 益 더할 익) 이익을 거두어들임. 또는 그 이익.

정답 및 해설 168쪽

 생각 넓히기 ✎

2. 나의 생각 정리하기

1 OTT란 인터넷으로 영화, 드라마, 방송 등을 제공하는 서비스를 말합니다. 영화관에서 영화를 보는 것과 OTT로 영화를 보는 것 중 어느 쪽을 더 좋아하는지 생각해 보고 이유를 써 보세요.

나의 생각을
근거를 들어 표현하는
능력은 중요해.

나는 (영화관에서 / OTT로) 영화를 보는 것을 더 좋아한다.
왜냐하면 _____

_____

_____

2 만약 여러분이 영화관을 운영하는 사장님이라면 영화를 보러 온 사람들에게 어떤 상품을 팔면 좋을지 생각해 보고 이유를 써 보세요.

내가 기사 속
인물이 된다면 어떻게
행동할지 상상하면서
글을 읽어 봐.

상품 이름	이유
팝콘	영화를 보러 온 사람들이 영화를 보며 먹을 수 있기 때문이다.

지식 ○○ 쏙쏙

왜 영화관에서는 팝콘을 먹게 된 걸까?

영화관에서 팝콘을 먹는 문화는 1920년대 미국 경제가 어려웠을 때 시작됐어. 그때 직장을 잃은 사람들이 영화관으로 몰려들었는데, 값싸고 간편하게 먹을 수 있는 팝콘이 큰 인기를 끌었지. 게다가 팝콘의 재료인 옥수수가 저렴했고, 팝콘을 먹으면 자연스럽게 음료도 찾게 되니까 영화관 입장에서도 수익을 올리는 데 도움이 됐어.

물가는 오르고, 혼자 사는 사람 늘고…, 컵라면 10억 개 팔렸다

컵라면은 값이 싸고 간편하게 먹을 수 있어 경제가 어려울 때 특히 많이 팔려요. 실제로 경제 위기를 겪었던 1997년, 2008년에 컵라면 판매량이 크게 늘었어요.

저렴한 가격에 뜨거운 물만 부으면 3분 만에 먹을 수 있는 간편하고 맛있는 컵라면의 인기가 대단해요. 시장 조사에 따르면, 2014년 6,741억 원이던 컵라면 매출이 2023년에 처음으로 1조 원을 넘었으며, 2024년에는 1조 386억 원에 달했어요. 이는 1년 동안 약 10억 개의 컵라면이 팔린 셈이지요. 현재 봉지 라면이 컵라면보다 7:3의 비율로 더 잘 팔리지만, 컵라면의 매출 증가세는 봉지 라면의 두 배에 이른다고 해요. 인구가 많이 늘어난 것도 아닌데, 왜 컵라면이 이렇게 잘 팔리는 걸까요?

가장 큰 이유는 **외식** 물가가 높아졌기 때문이에요. 2024년 12월 15일 한국 소비자원의 조사에 따르면, 서울 기준 대표 외식 메뉴 8개의 평균 가격이 한 해 동안 4% 올랐어요. 특히 김밥은 3,500원, 짜장면은 7,423원, 비빔밥은 11,192원으로 5% 이상 올랐지요. 외식 비용 **부담**이 커지면서 사람들이 1,000원 정도로 한 끼를 해결할 수 있는 컵라면을 선택한 거예요.

두 번째 이유는 1인 가구의 증가예요. 2024년 12월 9일 통계청 발표에 따르면, 1인 가구가 전체 가구의 35%를 넘으며 역대 최고치를 기록했어요. 이들의 월평균 **소비 지출**은 163만 원으로 전체 가구 평균의 58.4% 수준이에요. 소비를 아끼려는 1인 가구가 저렴하고 간편한 컵라면을 많이 찾으면서 매출이 크게 늘어난 거예요.

- **저렴**(低 낮을 저, 廉 값쌀 렴) 값이 낮고 싸다.
- **외식**(外 바깥 외, 食 먹을 식) 집에서 직접 해 먹지 않고 밖에서 음식을 사 먹음. 또는 그런 식사.
- **부담**(負 질 부, 擔 멜 담) 어떠한 의무나 책임을 짐.
- **소비 지출**(消 사라질 소, 費 쓸 비, 支 가를 지, 出 날 출) 소비자가 무엇을 사기 위해 돈을 쓰는 일.

정답 및 해설 168쪽

 생각 넓히기

2. 나의 생각 정리하기

1 만약 외식 물가가 낮아지고 2인 이상 가구가 늘어난다면 어떤 일이 일어날지 기사의 내용과 관련지어 써 보세요.

아직 일어나지 않은 일을 마치 일어난 것처럼 생각해 보는 것을 '가정'이라고 해.

2 1인 가구가 늘어나면서 컵라면처럼 많이 팔리는 물건은 보기와 같습니다. 여러분이 마트 주인이라면 1인 가구를 위해 어떤 물건들을 팔면 좋을지 생각해 보고 이유를 써 보세요.

기사에서 1인 가구가 컵라면을 많이 찾는 이유를 참고해 비슷한 물건을 생각해 봐.

〈보기〉
하나씩 포장된 채소, 수박 반 통, 즉석밥

상품 이름	이유

지식 ○─○ 톡톡

세계 최초의 컵라면은 이렇게 만들어졌어요

1971년에 일본 식품 회사 '닛신'의 사장이었던 안도 모모후쿠가 세계 최초의 컵라면을 만들었어. 모모후쿠 사장은 미국에 갔다가 종이컵에 봉지 라면을 부수어 넣고 뜨거운 물로 불려 먹는 사람을 보고, 더 간편하게 먹을 수 있는 컵라면을 만들어야겠다고 생각했지. 그렇게 해서 탄생한 최초의 컵라면이 바로 컵 누들(Cup Noodle)이었어.

옥 쌤의 쏙쏙 어휘

투자
이익을 얻기 위해
어떤 일에 돈을 댐

절약
함부로 쓰지 않고
꼭 필요한 데에만
써서 아낌

도박
돈 등을 걸고
서로 내기를
하는 일

수익
이익을 거두어들임
또는 그 이익

매출
물건 등을 내다
파는 일

많은 청소년이 경제에 관심을 가지며 돈을 모으기 위해 (함부로 쓰지 않고 꼭 필요한 데에만 써서 아낌)을/를 실천하고 있어요. 이렇게 모은 돈을 (물건 등을 내다 파는 일)이/가 좋은 회사에 (이익을 얻기 위해 어떤 일에 돈을 댐)해 (이익을 거두어들임 또는 그 이익)을/를 올리는 학생도 있지요. 반면 모은 돈으로 (돈 등을 걸고 서로 내기를 하는 일)에 빠지는 학생이 늘어나는 문제도 심각해요.

★ 위의 문장을 알맞은 어휘를 사용하여 바꾸어 볼까요?

많은 청소년이 경제에 관심을 가지며 돈을 모으기 위해 _____ 을/를 실천하고 있어요. 이렇게 모은 돈을 _____이/가 좋은 회사에 _____해 _____을/를 올리는 학생도 있지요. 반면 모은 돈으로 _____에 빠지는 학생이 늘어나는 문제도 심각해요.

팽팽 토론

'미투 상품'은 인기 상품을 따라 비슷하게 만든 제품을 말해요. 상표와 회사 이름은 다르게 만들어 법적으로 문제가 되지 않도록 하지요. 하지만 미투 상품에 대해 긍정적인 의견과 부정적인 의견이 엇갈리고 있어요. 여러분은 미투 상품에 대해 어떻게 생각하나요?

미투 상품은 소비자와 시장에 긍정적인 영향을 줄까? 아니면 부정적인 영향을 줄까?

저는 미투 상품이 긍정적인 영향을 준다고 생각해요.

왜냐하면 비슷한 상품들이 경쟁하면서 가격이 내려가고, 소비자가 더 좋은 품질의 상품을 선택할 수 있기 때문이에요.

저는 미투 상품이 부정적인 영향을 준다고 생각해요.

왜냐하면 새로운 연구와 창의적인 상품 개발을 방해해 시장에 새로운 상품이 나오기 어려워질 수 있기 때문이에요.

저는

왜냐하면

동생과 함께 과자를 사러 마트에 갔어. 그런데 과자 진열대 앞에 서자 어떤 걸 사야 할지 쉽게 고를 수가 없었지. 왜냐하면 이름도 종류도 비슷한 과자들이 너무 많았기 때문이야. 이렇게 인기 있는 상품을 따라 비슷하게 만든 상품을 '미투 상품'이라고 하는데, 진열대에는 이런 미투 상품들이 짝 지어 놓여 있었어.

세계 이슈

세계는 지금 가짜 뉴스와 전쟁 중!

'가짜 뉴스'는 사실이 아닌 내용을 사실처럼 꾸민 뉴스를 말해요. 인공 지능으로 진짜처럼 합성한 '딥페이크' 이미지나 영상을 사용한 가짜 뉴스가 늘어나고 있어요.

2024년 8월, 우리나라 국회의원들이 가짜 뉴스에 대한 **처벌**을 강화하는 법을 만들기로 했어요. 인터넷에 퍼지는 가짜 뉴스로 인해 연예인, 유명인뿐만 아니라, 일반인까지 심각한 피해를 겪고 있기 때문이에요. **피해자**가 가짜 뉴스를 만든 사람을 고소해도 **가해자**가 받는 처벌이 너무 약하고, 한번 퍼진 가짜 뉴스는 없애기 어려운 점도 문제이지요. 그렇다면 다른 나라들은 인터넷 가짜 뉴스를 어떻게 처벌하고 있을까요?

먼저 대만은 가짜 뉴스로 인한 피해를 줄이기 위해 처벌을 크게 강화했어요. 2019년에 '재해 방지 구조법'을 개정해, 가짜 뉴스로 인해 사람이 다치면 10년 이하의 징역, 사람이 죽으면 최고 무기 징역까지 선고할 수 있도록 했어요. 대만은 가짜 뉴스를 엄격히 처벌하는 나라로 손꼽히고 있어요.

호주와 유럽 연합은 인터넷 회사들이 가짜 뉴스를 막지 않으면 처벌하는 방식을 선택했어요. 유튜브나 인스타그램 같은 인터넷 회사가 돈을 벌기 위해 가짜 뉴스가 퍼지는 것을 내버려두는 것이 문제라고 본 거지요. 호주는 가짜 뉴스를 내버려둔 인터넷 회사에 매출의 최대 5%, 유럽 연합은 매출의 최대 6%의 벌금을 물도록 했어요.

세계의 여러 나라들이 가짜 뉴스를 막기 위해 다양한 방법을 찾고 있어요. 과연 어느 나라가 가짜 뉴스를 가장 효과적으로 막을지 관심 있게 지켜보아요.

• **처벌**(處 처할 처, 罰 벌할 벌) 죄를 지은 사람에게 벌을 내림.

• **피해자**(被 당할 피, 害 해칠 해, 者 사람 자) 자신의 생명이나 신체, 재산, 명예 따위에 침해 또는 위협을 받은 사람.

• **가해자**(加 더할 가, 害 해칠 해, 者 사람 자) 다른 사람의 생명이나 신체, 재산, 명예 따위에 해를 끼친 사람.

옥 쌤의 독해 교실 ✏️

1. 주요 단어 살펴보기

1 다음과 같은 의미를 가진 단어를 기사에서 찾아 써 보세요.

첫 번째 문단에서 법을 만들기로 한 사람이 누구인지 잘 살펴봐.

• 우리나라 국회에서 법을 만드는 사람

⇨ ☐ ☐ ☐ ☐

• 죄를 지은 사람에게 벌을 내림

⇨ ☐ ☐

2 다음 단어의 의미에 어울리는 사람을 알맞게 선으로 이어 보세요.

가해자는 피해를 준 사람, 피해자는 피해를 당한 사람을 의미해.

가해자 •   • 다른 사람을 때린 사람

피해자 •   • 다른 사람에게 맞은 사람

 지식 ○○ 톡톡

없는 사고도 만들어 내며 달려드는 '사이버 레커(Cyber Wrecker)'

교통사고가 나면 사고 차량을 옮기기 위해 출동하는 차를 '레커'라고 해. 이와 비슷하게 유명인에게 나쁜 일이 생기면 재빨리 달려들어 그 내용을 인터넷에 퍼뜨리는 사람들을 '사이버 레커'라고 불러. 이들은 인터넷 조회 수로 돈을 벌기 위해 사건을 부풀리기도 해. 심지어는 가짜 뉴스까지 만들어 퍼뜨리며 사회적 문제를 일으키고 있어.

"탕! 탕!" 무서워서 어떻게 사나…, 미국은 왜 총을 허용할까?

미국, 필리핀, 멕시코, 러시아 등에서는 개인이 총을 가질 수 있어요. 특히 미국은 총을 가장 쉽게 가질 수 있는 나라로, 인구보다 총기 수가 더 많다고 해요.

2024년 9월, 미국에서 두 차례의 끔찍한 총기 사고로 사람들이 숨지는 일이 발생했어요. 4일에는 조지아주의 한 고등학교에서 14살 학생이 총을 쏴 4명이 죽고 9명이 다쳤으며, 21일에는 앨라배마주 버밍햄에서 여러 명이 차에서 내려 사람들에게 총을 쏴 4명이 죽고 18명이 다쳤어요. 미국 언론에 따르면, 2024년 1월부터 6월까지 발생한 총기 사고가 260건이 넘었다고 해요. 이렇게 하루에 1건 이상의 사고가 나는데도, 미국은 왜 여전히 총을 허용할까요?

가장 큰 이유는 자신을 보호하려면 총이 필요하다고 믿기 때문이에요. 미국은 영국으로부터 독립하기 위해 시민들이 총으로 무장해 싸운 경험을 가진 나라예요. 그리고 독립 전쟁뿐 아니라 원주민들과의 갈등에서도 총은 중요한 도구였지요. 이러한 역사적 배경 때문에 총을 개인이 소지할 권리를 보장하는 법이 만들어졌어요. 또 미국은 땅이 넓고 대도시 외의 지역에는 사람이 적게 살아서 범죄 피해가 생겼을 때 경찰의 도움을 바로 받기 어려운 경우도 많아요. 그래서 총기에 의지하게 된 것이지요.

하지만 총기 사고가 너무 많이 일어나자, 총기 규제를 요구하는 목소리도 커지고 있어요. 그럼에도 총기 관련 단체들은 정치인들에게 많은 후원금을 주며 총기 규제를 막고 있어요. 오늘도 어딘가에서 총성이 울려 퍼지는 미국, 과연 언제쯤 총기를 둘러싼 문제를 해결하고 더 안전한 사회를 만들 수 있을까요?

• **허용**(許 허락할 허, 容 받아들일 용) 허락하여 너그럽게 받아들임.

• **소지**(所 것 소, 持 가질 지) 물건을 지니고 있는 일.

• **규제**(規 법 규, 制 누를 제) 규칙이나 규정에 의하여 일정한 한도를 정하거나 정한 한도를 넘지 못하게 막음.

정답 및 해설 168쪽

옥 쌤의 독해 교실 ✏️

1. 주요 단어 살펴보기

1 다음 의미에 알맞은 말을 기사에서 찾아 써 보세요.

> 권총, 기관총, 소총 등의 무기를 잘못 다루거나
> 부주의하게 다루어 일어나는 사고

긴 문장을 간단한
단어로 표현할 수 있어.
그래서 다양한 단어를
아는 것이 좋아.

2 기사에서 사용된 단어 중 비슷한 의미를 가진 단어끼리
선으로 이어 보세요.

숨지다   전쟁

총   총기

싸우다   죽다

같은 뜻을 가진
여러 단어를 알고 있으면
내 생각을 더 정확하고
풍부하게 표현할 수
있어.

💬 지식 ○○ 톡톡

총을 맞고도 총은 있어야 한다는 미국의 대통령 후보

미국 대통령 후보 도널드 트럼프는 2024년 7월 선거 유세 중
한 남자가 쏜 총에 맞아 부상을 당했어. 그런데도 그는 여전
히 개인이 총을 소지할 권리를 보장해야 한다고 주장하지.
반면에 상대 후보인 카멀라 해리스는 총기 사고를 줄이기
위해 강력한 총기 규제가 필요하다고 주장해. 두 대통령
후보의 서로 다른 입장은 총기 사용을 둘러싼 미국 내 팽
팽한 여론 대립을 잘 보여 주고 있어.

소지 권리 보장!

소지 규제!

트럼프   해리스

중국, 비 만들다가
태풍급 강풍 맞았다!

세계

화학 물질로 만든 구름 씨앗을 하늘에 뿌려 비를 내리게 하는 '인공 강우'가 2024년 4월 두바이 폭우에 이어, 이번엔 중국에서 발생한 강풍의 원인으로 지목되었어요.

㉠2024년 9월, 중국 충칭시에 태풍급 강풍이 불어 큰 피해가 발생했어요. 충칭시 기상청에 따르면, 9월 2일 오전부터 3일까지 규모 8 이상, 초속 34.4m의 중형급 태풍 수준의 강풍이 불었다고 해요. 이로 인해 가로수가 뿌리째 뽑히고, 아파트 창문과 벽이 떨어졌어요. 거리는 부서진 간판과 지붕, 망가진 차량과 오토바이들로 **아수라장**이 되었어요.

㉡그런데 이번 강풍 피해가 **자연재해**가 아니라 '인공 강우' 때문이라는 비판이 일었어요. 충칭시는 40도가 넘는 폭염을 식히기 위해 9월 2일부터 3일까지 인공 강우 작업을 했어요. 비를 내리게 하는 화학 물질로 만든 구름 씨앗을 포탄과 로켓에 담아 구름에 발사한 거예요. 그 결과 최대 31mm의 비가 내리고 기온은 40도에서 28도로 떨어졌지만, 예상치 못한 강풍이 발생했어요. 강풍에 피해를 입은 주민들은 인공 강우가 강풍을 불러온 거라고 비판했어요.

㉢충칭시 기상청 관계자는 "인공 강우로 돌풍과 같은 이상 기후가 발생하지 않는다."라고 밝혔고, 전문가들도 이번 현상이 인공 강우의 부작용인지 확실하지 않다고 말했어요. 하지만 2024년 4월, 두바이에 하루 만에 2년 치 폭우가 내린 사건과 이번 충칭시의 태풍급 강풍처럼 인공 강우와 관련된 재난이 반복되고 있어요. 인공 강우가 폭우나 강풍 같은 이상 기후의 원인이라는 의심은 점점 더 커지고 있어요.

• **아수라장**(阿 언덕 아, 修 닦을 수, 羅 새그물 라, 場 마당 장) 싸움이나 그 밖의 다른 일로 큰 혼란에 빠진 상태.

• **자연재해**(自 스스로 자, 然 그럴 연, 災 재앙 재, 害 해칠 해) 태풍, 홍수 등의 피할 수 없는 자연 현상으로 인한 피해.

• **폭염**(暴 사나울 폭, 炎 불꽃 염) 매우 심한 더위.

정답 및 해설 169쪽

옥 쌤의 독해 교실 ✏️

2. 중심 문장 파악하기

1 글쓴이가 ㉠ 문단에서 전하고자 하는 가장 중요한 말은 무엇일까요?

① 강풍으로 가로수가 뿌리째 뽑혔다.

② 9월 2일 오전부터 강풍이 불었다.

③ 아파트 창문과 벽이 떨어졌다.

④ 중국 충칭시에 강풍이 불어 큰 피해가 발생했다.

한 문단에는
하나의 중심 문장과
여러 개의 뒷받침
문장이 있어.

2 다음 중 ㉡ 문단에서 가장 중심이 되는 내용은 무엇인가요?

① 인공 강우로 돌풍과 같은 이상 기후가 발생하는 것은 아니다.

② 두바이에 하루 만에 2년 치 폭우가 내렸다.

③ 인공 강우가 이상 기후의 원인이라는 의심은 점점 더 커지고 있다.

④ 전문가들은 이상 기후가 인공 강우의 부작용인지 확실하지 않다고 말했다.

중심 문장은
문단의 처음이나
마지막에 나오는
경우가 많아.

지식 ○-○ 쏙쏙

우리나라도 인공 강우를 할까?

중국처럼 세계 여러 나라가 인공 강우로 비를 내리게 하고 있어. 우리나라는 2017년에 기상 항공기를 도입해 인공 강우 기술을 발전시키고 있지. 최근 3년간의 실험에서는 서울 면적의 약 1.5배 지역에 평균 1.3mm의 비를 더 내리게 하는 데 성공했어. 기상청은 2024년부터 인공 강우를 통해 비를 뿌리며 산불 예방에 나설 계획이라고 해.

인공 강우

올림픽 실격과 맞바꾼 외침, "아프간 여성들에게 자유를!"

브레이크 댄스라고도 불리는 '브레이킹'은 길거리에서 서로 대결하며 추는 춤을 말해요. 2024년 파리 올림픽에서는 브레이킹이 올림픽 정식 종목으로 채택되었어요.

㉠2024년 8월 9일, 파리 올림픽 '브레이킹 비걸' 종목에 출전한 마니자 탈라시 선수가 '아프간 여성들에게 자유를'이라고 적힌 천을 펼쳐 실격 처분을 받았어요. 탈라시 선수는 아프가니스탄 난민 대표로 올림픽에 참가했어요. 그런데 멋진 춤을 선보이던 도중 상의를 벗고 안에 입은 옷에 쓰인 이 문구를 보여 주었지요. 경기가 끝난 뒤에도 이 문구가 적힌 천을 펼쳐 들었어요. 하지만 올림픽은 세계인이 함께하는 행사이기에 정치적 표현이 금지되어 있어요. 이 규칙을 어긴 탈라시 선수는 실격되고 말았지요.

㉡탈라시 선수는 아프가니스탄 여성들의 현실과 고통을 세계에 알리고, 문제 해결에 모두가 함께하기를 바라는 마음에서 이런 행동을 한 거예요. 이슬람 무장 단체인 '탈레반'의 지배 아래, 아프가니스탄 여성들은 교육도 받지 못하고 직업도 가질 수 없어요. 외출하려면 남성의 허락이 필요하며, 온몸을 가린 부르카를 반드시 입어야 하지요. 탈라시 선수 역시 이런 억압 속에서 브레이킹을 한다는 이유로 생명의 위협을 받아 스페인으로 도망쳤다고 해요.

㉢실격을 각오하고 메시지를 전한 탈라시 선수의 용감한 행동에 많은 사람들이 응원과 박수를 보냈어요. 실격 처분을 받은 탈라시 선수는 "내 행동이 부끄럽지 않다. 불가능한 것은 없다는 걸 보여 주고 싶었다."라고 당당히 말했어요.

• **실격**(失 잃을 실, 格 자격 격) 기준 미달이나 기준 초과, 규칙 위반 등으로 자격을 잃음.

• **난민**(難 어려울 난, 民 백성 민) 전쟁이나 재난 등을 당하여 곤경에 빠진 사람.

• **각오**(覺 깨달을 각, 悟 깨달을 오) 앞으로 해야 할 일이나 겪을 일에 대한 마음의 준비.

정답 및 해설 169쪽

옥 쌤의 독해 교실 ✏️

2. 중심 문장 파악하기

1 각 문단의 중심 문장을 찾아 선으로 알맞게 이어 보세요.

기사를
다시 한 번 읽고,
중심 문장을 순서대로
정리해 봐.

ㄱ 문단 ·

· 탈라시 선수의 용감한 행동에 많은 사람들이 응원과 박수를 보냈다.

ㄴ 문단 ·

· 탈라시 선수는 아프가니스탄 여성들의 현실과 고통을 세계에 알리고, 문제 해결에 모두가 함께하기를 바라는 마음에서 이런 행동을 했다.

ㄷ 문단 ·

· 마니자 탈라시 선수가 올림픽에서 '아프간 여성들에게 자유를'이라고 적힌 천을 펼쳐 실격 처분을 받았다.

2 다음과 같은 사실을 알리기 위해 ㄴ 문단의 중심 문장에서 사용된 단어가 <u>아닌</u> 것은 무엇인가요?

ㄴ 문단의 중심
문장에서 사용된 단어는
주어진 네 가지 사실을
잘 나타내고 있어.

아프가니스탄 여성들은
• 교육을 받지 못한다.
• 직업을 가질 수 없다.
• 외출하려면 남성의 허락이 필요하다.
• 온몸을 가린 부르카를 반드시 입어야 한다.

① 고통　　　② 현실　　　③ 문제　　　④ 위험

아프가니스탄 여성이 입어야 하는 슬픈 옷, '부르카'

아프가니스탄 여성이 입어야 하는 '부르카'는 머리부터 발끝까지 온몸을 천으로 가리고, 눈 부분만 망사로 되어 있는 옷이야. 탈레반은 남성이 여성의 얼굴이나 몸을 보면 자극받을 수 있다는 이유로 여성에게 부르카 착용을 강요하고 있어. 2024년 8월에는 여성이 공공장소에서 얼굴을 드러내거나 목소리를 내는 것을 금지하는 법까지 발표했지.

'팁(TIP)' 때문에 골치 아픈 미국

'팁(TIP)'은 '빠른 서비스를 위해(To Insure Promptitude)'의 줄임말로, 식당 직원이나 미용사 등에게 서비스에 대한 감사의 표시로 주는 돈을 말해요.

㉠우리는 식당에서 음식을 먹고 메뉴판에 적힌 음식값을 내요. 그런데 미국에서는 음식값 외에 추가로 내야 하는 돈이 있어요. 바로 주문을 받고 음식을 가져다준 직원에게 감사의 표시로 주는 '팁'이에요. 팁은 꼭 줘야 하는 건 아니지만, 미국에서는 팁을 주지 않는 것을 무례하다고 여기는 문화가 있어요. 그래서 음식점 직원들은 전체 수입의 60%를 팁으로 벌 정도라고 해요.

㉡미국의 팁 문화는 유럽의 귀족이 하인에게 돈을 주던 관습을 미국 부자들이 따라 하면서 시작되었어요. 당시에는 흑인 노동자들에게 싼값을 주고 일을 시키면서 대신 팁을 받게 했지요. 이것이 점차 음식점 등의 직원에게 서비스에 대한 대가로 팁을 주는 문화로 자리 잡았어요.

㉢하지만 요즘 미국인들은 팁 문화로 골치를 앓고 있어요. 팁을 얼마나 줘야 할지 정하기 어렵기 때문이에요. 예전에는 전체 금액의 10~15%를 팁으로 주는 게 일반적이었어요. 그런데 지금은 18%가 기본이고, 20%를 넘어 30%까지 요구하는 일도 있다고 해요. 예를 들어 만 원짜리 음식을 먹으면 최대 삼천 원을 팁으로 줘야 할 수도 있지요. 2024년 여론 조사에 따르면, 미국인 4명 중 3명이 팁이 지나치게 높다고 답했어요. 조사 기관은 사장들이 직원 월급을 올리지 않고 팁 부담을 늘리는 것이 문제라고 지적했어요. 그리고 점점 높아지는 팁이 물가를 올리는 원인 중 하나라고 분석했어요.

• **추가**(追 따를 추, 加 더할 가) 나중에 더 보탬.

• **무례**(無 없을 무, 禮 예의 례) 태도나 말에 예의가 없음.

• **관습**(慣 버릇 관, 習 버릇 습) 어떤 사회에서 오랫동안 지켜 내려와 그 사회 사람들이 인정하는 질서나 풍습.

옥 쌤의 독해 교실 ✏️

3. 세부 내용 파악하기

1 ㉡ 문단을 보고 미국의 팁 문화가 시작된 과정을 정리해 보세요.

㉡ 문단에서는 미국에 팁 문화가 자리 잡게 된 과정을 설명하고 있어.

유럽의 [   ] 이 [   ] 에게 돈을 주었다.

⇨ [   ] 의 부자들이 [   ] 노동자들에게 싼값을 주고 일을 시키면서 대신 팁을 받게 했다.

⇨ [   ] 등의 직원에게 서비스에 대한 대가로 팁을 주는 문화로 자리 잡았다.

2 이 기사에서 사용하기에 알맞은 여론 조사 그래프는 무엇일까요?

미국인들을 대상으로 한 팁에 관한 조사 내용을 자세히 살펴봐.

①
팁이 적당하다.
팁이 지나치다.

②
팁이 지나치다.
팁이 적당하다.

지식 👓 쏙쏙

키오스크로 주문하고 로봇이 갖다줘도 팁을 준다고?

요즘 미국에서는 사람이 하지 않은 서비스에도 팁을 요구하는 일이 늘고 있어. 예를 들어 키오스크로 주문할 때 팁 금액을 선택하지 않으면 결제하기 어렵게 만들어 놓은 경우가 있지. 심지어 음식을 서빙 로봇이 가져다주는 경우에도 계산서에 팁 금액이 포함되어 나온다고 해. 이렇게 반강제적으로 팁을 내야 하는 상황이 늘어나면서 미국인들의 불만도 점점 커지고 있어.

부부가 같은 성을 쓰는 나라들

부부가 같은 성을 쓰는 것을 '부부동성'이라 하고, 부부가 서로 다른 성을 쓰는 것을 '부부별성'이라 해요. 우리나라는 '부부별성' 제도를 채택하고 있어요.

미국 만화 영화를 보던 서준이는 깜짝 놀랐어요. 주인공 아빠의 이름이 '존 스미스', 엄마는 '제인 스미스'였거든요. 미국은 **성**이 이름 뒤에 오니까 부부의 성이 모두 '스미스'인 거죠. 서준이는 의아했어요. '우리 아빠는 '김' 씨, 엄마는 '이' 씨인데, 미국은 부부의 성이 같네?'

우리나라와 달리 미국, 영국 등 서양의 많은 나라는 '부부동성' **제도**를 따르고 있어요. 법으로 꼭 정해진 건 아니어서 부부가 성을 바꾸지 않아도 되고, 두 사람의 성을 합쳐 쓰는 경우도 있지요. 미국에서는 결혼한 여성의 79%, 영국에서는 90%가 남편의 성을 따른다고 해요. 그 이유는 같은 성을 써야 가족이라는 느낌이 강해진다는 전통적인 생각 때문이지요.

한편 부부동성을 법으로 정한 나라도 있어요. 일본은 서양의 영향을 받아 1898년에 부부동성 법을 만들고, 1947년에는 이를 공식 법으로 정했어요. 이 법은 부부가 같은 성을 쓰기만 하면 되지만, 대부분 남편의 성을 따르지요. 이는 남성 중심의 **가문** 문화를 중요하게 여기는 일본의 전통 때문이에요. 하지만 성을 바꾼 여성들이 신분증을 새로 만드는 등 불편을 겪으면서, 성을 자유롭게 선택하자는 목소리도 커지고 있어요. 그런데 이런 주장을 펼치던 총리 후보가 2024년 9월 27일 선거에서 패배했어요. 그래서 일본의 부부동성 제도는 당분간 계속될 가능성이 커 보여요.

---

* **성**(姓 성씨 성) 같은 조상의 자손임을 나타내기 위해 주로 아버지와 자식 간에 대대로 이어지는 이름.

* **제도**(制 정할 제, 度 법도 도) 관습, 도덕, 법률 등의 규칙이나 사회 구조의 체계.

* **가문**(家 집 가, 門 대문 문) 가족 또는 가까운 친척으로 이루어진 공동체.

옥 쌤의 독해 교실 📝

3. 세부 내용 파악하기

1 기사의 내용과 일치하는 것은 무엇인가요?

① 미국에서는 결혼하면 아내가 반드시 남편의 성을
  따라야 한다.
② 영국에서는 부부동성을 법으로 정해 두었다.
③ 일본에서는 같은 성을 써야 가족이라는 느낌이
  강해진다는 전통적인 생각을 갖고 있다.
④ 일본에서는 성을 바꾸면 신분증을 새로 만들어야 한다.

세계 여러 나라는
각기 다른 문화를 가지고
있어. 서로의 문화를
존중하는 태도가
중요해.

2 기사의 내용과 일치하지 <u>않는</u> 것은 무엇인가요?

① 미국에서는 결혼한 여성의 79%가 남편의 성을 따른다.
② 영국에서는 결혼한 여성의 90%가 남편의 성을 따른다.
③ 일본은 부부동성을 1947년에 공식 법으로 정했다.
④ 자유롭게 성을 선택하자는 주장을 펼친 일본의 총리 후보가
  선거에서 승리했다.

여러 숫자가 나오는
글을 읽을 때는 숫자에
주의하며 내용을
이해해야 해.

지식 ◌◌ 쑥쑥

500년 뒤 일본인 성은 모두 '사토' 씨가 될 수도 있다고?

유엔(UN)이 일본의 부부동성 법이 평등하지 않다
며 바꾸라고 했지만, 일본은 이 법을 고치지 않았
어. 일본의 한 대학교수는 부부동성 법이 계속되
면 500년 후에는 일본인의 성이 모두 '사토' 씨가
될 수도 있다는 연구 결과를 발표했어. 지금 일본
에서 가장 흔한 성이 '사토'이기 때문이라는 건데,
정말 그런 일이 벌어질까?

○○들의 노벨상 '이그 노벨상', 올해는 어떤 연구가 받았나?

'이그 노벨상'은 1991년 미국 하버드 대학교의 유머 과학 잡지에서 과학에 대한 관심을 높이려고 만든 상이에요. 이 상은 '명예롭지 않고 웃긴 노벨상'이라는 뜻을 담고 있어요.

2024년 9월 12일, 미국 매사추세츠 공과 대학교의 한 강의실에서 제34회 '이그 노벨상' 시상식이 열렸어요. 이 시상식은 매년 노벨상 발표 1~2주 전에 열리며, 웃음을 주면서도 생각하게 만드는 엉뚱

한 연구에 상을 주는 행사예요. 시상식에서는 종이비행기를 날리고, 수상 소감이 길어지면 '스위티 푸'라는 역을 맡은 어린이가 "그만 해요! 지루하다고요!"라고 외치는 재미있는 장면도 펼쳐져요. 2024년 수상자에게는 열리지 않는 투명한 상자와 쓸 수 없는 짐바브웨 10조 달러가 주어졌어요. 과연 수상자는 어떤 연구로 상을 받았을까요?

동전을 35만 번 이상 던진 결과, 앞면과 뒷면이 나올 확률이 같지 않고 처음 보인 면이 50.8%의 확률로 아주 약간 더 자주 나온다는 연구가 통계학상을 받았어요. 또 북반구 사람들의 가마는 시계 방향, 남반구 사람들은 반시계 방향으로 말린다는 연구는 해부학상을, 겁을 먹은 소가 우유를 적게 만든다는 연구는 생물학상을 받았지요. 가장 눈길을 끈 것은 생리의학상을 받은 연구로, 포유류가 항문으로도 호흡할 수 있다는 사실을 밝혀낸 것이었어요. 실제로 돼지와 쥐 실험에서 항문으로 넣은 산소가 흡수된 것이 확인되었다고 해요. 이와 함께 총 10개의 연구가 상을 받았어요.

이처럼 우스꽝스러워 보이지만, 엉뚱한 호기심이 과학 발전의 씨앗이 되기에 이그 노벨상은 세계적으로 주목받는답니다.

● **북반구**(北 북녘 북, 半 절반 반, 球 공 구) 지구를 가로로 반으로 나누었을 때의 북쪽 부분. 남쪽 부분은 남반구임.

● **가마** 사람의 머리에 머리카락이 한곳을 중심으로 빙 돌아 나서 소용돌이 모양으로 된 부분.

● **포유류**(哺 먹일 포, 乳 젖 유, 類 무리 류) 어미가 새끼를 낳아 젖을 먹여 기르는 동물.

정답 및 해설 169쪽

옥 쌤의 독해 교실 ✏️

4. 한 문장으로 정리하기

1 다음을 보고 기사의 제목에 어울리는 단어를 써 보세요.

> 단어는 긴 의미를 적은 글자 수에 담고 있어. 그래서 내용을 요약할 때 적절한 단어를 사용하는 것이 중요해.

> 괴짜: 엉뚱하고 괴상한 짓을 잘하는 사람
> 바보: 어리석고 멍청하거나 못난 사람을 비난하여 이르는 말

☐☐ 들의 노벨상 '이그 노벨상',

올해는 어떤 연구가 받았나?

2 다음 예시처럼 두 문장을 하나의 문장으로 만들어 보세요.

> 축구 경기를 위해 열심히 연습한 팀이 우승했다.
> + 그들의 노력은 많은 사람들에게 감동을 주었다.
> ⇨ 축구 경기를 위해 열심히 연습한 팀이 우승했으며, 그들의 노력은 많은 사람들에게 감동을 주었다.

> 글에서 중심 문장들을 찾아 한 문장으로 정리해 봐.

제34회 이그 노벨상 시상식에서 총 10개의 연구가 상을 받았다.
+ 이런 호기심이 과학 발전의 씨앗이 되기에 세계적으로 주목받는다.

⇨ _____

_____

_____

지식 ○─○ 톡톡

이그 노벨상을 받은 한국인 수상자도 5명이나 있어요

이그 노벨상을 받은 한국인은 지금까지 총 5명이야. 한국인 최초 수상자는 1999년에 '향기 나는 양복'으로 환경보호상을 받은 권혁호 씨야. 그 때 상으로 개구리 모양 도자기를 받았는데, 수상 소감이 너무 길다며 스위티 푸에게 고함을 들었다. 최근에는 2023년에 박승민 박사가 대변과 소변으로 병을 진단하는 스마트 변기를 개발해 공중보건상을 받았어.

세계의 어린이들 '멍청한 전화' 쓰는 이유는?

'덤 폰(Dumb Phone)'은 똑똑한 전화인 '스마트폰'과 반대로 '멍청한 전화'라는 뜻이에요. 인터넷 연결 없이 전화, 문자 등 기본 기능만 되는 휴대 전화이지요.

요즘 어린이들은 학교에 들어가기 전부터 스마트폰 사용에 익숙해져 있어요. 조사에 따르면, 우리나라 어린이들이 스마트폰 같은 디지털 기기를 처음 사용하는 시기가 평균 2살이라고 해요. 그래서 스마트폰을 어른보다 더 잘 쓰는 어린이들도 많지요. 이러다 보니 어린이들의 스마트폰 중독, 해로운 정보 노출, 딥페이크 같은 온라인 범죄 피해 등 심각한 문제들이 생기고 있어요.

세계 여러 나라가 스마트폰으로부터 어린이를 보호하기 위해 나섰어요. 미국, 영국, 프랑스, 호주 등은 학교에서 스마트폰 사용을 제한하거나 금지하는 것을 시행 중이에요. 특히 영국은 어린이에게 스마트폰 판매를 금지하는 방안을 검토하고 있고, 호주, 이탈리아, 미국은 어린이의 누리 소통망(SNS) 사용을 막는 법을 만들고 있어요.

이런 상황에서 미국과 영국에서는 자녀에게 기본 기능만 있는 '덤 폰'을 사 주는 부모님이 늘고 있어요. 덤 폰은 1990년대에 쓰이던 성능 낮은 휴대 전화로, 인터넷에 접속할 수 없지만 전화와 문자는 가능해요. 덤 폰을 사용하면 스마트폰으로 인한 문제를 피하면서도 부모님이나 친구들과 연락할 수 있어요. 이런 장점 덕분에 세계 덤 폰 판매량은 2019년 4억 대에서 2022년 10억 대로 2배 이상 늘었고, 새로운 제품도 출시되고 있어요. 스마트폰 사용 문제가 심각한 우리나라도 이런 덤 폰에 주목하고 있지요.

• **노출**(露 드러낼 노, 出 날 출) 겉으로 드러나거나 드러냄.

• **성능**(性 성질 성, 能 능할 능) 기계 등이 지닌 성질이나 기능.

• **출시**(出 날 출, 市 시장 시) 상품이 시중에 나옴. 또는 상품을 시중에 내보냄.

옥 쌤의 독해 교실

4. 한 문장으로 정리하기

1 스마트폰으로부터 어린이를 보호하기 위한 각 나라의 방법을 정리했습니다. 기사에서 알맞은 나라 이름을 찾아 써 보세요.

두 번째와 세 번째 문단을 잘 살펴봐.

나라	스마트폰으로부터 어린이를 보호하는 방법
미국, 영국, 프랑스, 호주	학교에서 스마트폰 사용을 제한하거나 금지한다.
	어린이에게 스마트폰을 팔지 못하게 한다.
	어린이의 SNS 사용을 막는다.
	자녀에게 기본 기능만 있는 '덤 폰'을 사 준다.

2 기사의 내용을 한 문장으로 바르게 정리한 것을 고르세요.

① 스마트폰 사용은 어린이들의 자유이기 때문에 간섭해서는 안 된다.
② 어린이를 범죄로부터 안전하게 보호하기 위해 스마트폰을 팔지 못하게 해야 한다.
③ 스마트폰은 어린이들의 생활에 도움이 되기 때문에 최대한 많은 어린이가 스마트폰을 사용해야 한다.
④ 스마트폰으로부터 어린이를 보호하기 위한 다양한 방법이 있으며, 그중 하나가 '덤 폰'이다.

글의 핵심을 잡아 간단히 정리하는 것을 '요약'이라고 해.

 지식 ○-○ 톡톡

우리나라 어린이들도 '덤 폰'을 쓰게 될까?

세계 여러 나라처럼 우리나라도 2024년 8월에 어느 국회의원이 학교에서 스마트폰 사용을 금지하는 법안을 제안했고, 교육부도 이에 동의했어. 교과서까지 AI 디지털 교과서를 쓰는 시대에 스마트폰 사용을 줄이는 게 어린이들에게 더 좋을 거라고 판단한 거지. 이 법이 만들어지면 우리나라 어린이들도 다른 나라처럼 '덤 폰'을 많이 쓰게 될 수도 있어.

"왜 여기서 그래요?" 엉뚱하게 고통받는 영국의 미술관

환경 보호를 내세우며 폭력적으로 행동하는 것을 '에코 테러리즘'이라고 해요. 일부 환경 운동가가 자신의 주장을 알리려고 유명 미술품을 공격한 일이 논란이 되고 있어요.

영국 런던의 내셔널 갤러리는 빈센트 반 고흐, 레오나르도 다 빈치, 클로드 모네 등 세계적인 화가의 작품을 소장한 유명한 국립 미술관이에요. 그런데 이 미술관이 과격한 환경 단체의 행동으로 곤란을 겪고 있어요.

2024년 9월 27일, 내셔널 갤러리에 전시된 반 고흐의 「해바라기」 두 점에 주황색 수프가 뿌려지는 일이 있었어요. 이는 환경 단체 '저스트 스톱 오일'의 환경 운동가 세 명이 지구 환경 보호에 관심을 가지라고 주장하며 벌인 일이에요. 사실, 반 고흐의 작품에 수프를 끼얹은 사건은 이번이 처음이 아니에요. 2022년 10월에도 같은 단체의 활동가 두 명이 반 고흐의 「해바라기」에 토마토수프를 끼얹었다가 징역형을 받았어요. 내셔널 갤러리에서는 이런 사건을 포함해 총 5번이나 과격 환경 단체에 의한 작품 훼손 소동이 있었다고 해요. 다행히 액자 덕분에 그림은 상하지 않았지만, 미술관은 큰 곤란을 겪었지요.

이들이 이런 행동을 하는 이유는 유명한 작품을 대상으로 한 테러가 짧은 시간에 큰 관심을 끌기 때문이에요. 하지만 환경 문제와 관련 없는 미술관과 작품이 피해를 보는 상황이지요. 내셔널 갤러리는 이런 문제를 막기 위해 미술관 안에 분유나 약을 제외한 모든 액체류 반입을 금지했어요. 이에 대해 국립 미술관장 협의회는 시위할 권리는 존중하지만, 문화재 공격은 반드시 중단돼야 한다고 강조했어요.

● **과격**(過 지나칠 과, 激 격할 격) 정도가 지나치게 격렬함.

● **훼손**(毁 헐 훼, 損 상할 손) 헐거나 깨뜨려 못 쓰게 만듦.

● **반입**(搬 옮길 반, 入 들 입) 운반하여 들여옴.

● **시위**(示 보일 시, 威 위엄 위) 많은 사람이 공공연하게 의사를 표시하여 집회나 행진을 하며 위력을 나타내는 일.

 생각 넓히기 ✏️

1. 적용 및 추론하기

1 세 번째 문단에서 밑줄 친 내용에 대해 알맞게 추론하지 <u>못한</u> 것을 2가지 골라 보세요.

기사를 읽고 미술관에서 액체 반입을 금지한 이유를 추론해 봐.

① 과격한 환경 단체의 행동 때문에 생겨난 규칙일 것이다.
② 약은 알약 형태로만 반입할 수 있을 것이다.
③ 미술관을 방문한 아기들을 위해 분유는 금지되지 않았을 것이다.
④ 미술관에 오렌지주스를 반입할 수 있을 것이다.

2 글쓴이가 기사를 통해 전하고 싶은 말을 가장 바르게 이해한 사람은 누구일까요?

기사에는 글쓴이의 생각과 느낌이 담겨 있어.

① **연호**: 나는 앞으로 어떤 경우에도 시위는 하지 말아야 겠어.
② **지은**: 내가 전하고 싶은 말이 있을 때는 문화재에 수프를 뿌려야겠어.
③ **민우**: 시위할 때는 규칙을 반드시 지켜야 해.
④ **희연**: 시위할 때 사람들의 관심을 끌 수 있다면 어떤 방법이든 괜찮아.

지식 ○○ 톡톡

「모나리자」도 테러를 당했다고?

프랑스 루브르 박물관에 전시된 레오나르도 다 빈치의 유명한 그림 「모나리자」도 수프 테러를 당했어. 2024년 1월, 프랑스 농업 정책에 반대하는 여성 두 명이 그림에 수프를 뿌린 거야. 다행히 그림은 강화 유리로 보호되고 있어서 피해는 없었다고 해. 하지만 아무리 좋은 주장을 하더라도 이런 방식의 시위는 사람들에게 공감을 얻기 어렵지 않을까?

미국 제47대 대통령 '도널드 트럼프' 당선, 세계에 미칠 영향은?

미국은 대통령을 4년씩 최대 2번 할 수 있어요. 이를 '대통령 중임제'라고 해요. 제 45대 대통령이었던 도널드 트럼프는 이번 대선에서 승리해 다시 대통령이 됐어요.

2024년 11월 5일에 치러진 선거에서 도널드 트럼프가 상대 후보 카멀라 해리스를 꺾고 제47대 미국 대통령으로 당선됐어요. 미국 대통령 선거는 우리나라와 달리, 각 주의 선거인단 중 절반이 넘는 수를 확보한 후보가 대통령이 돼요. 트럼프는 538명의 선거인단 가운데 312명을 확보했지요.

트럼프는 제45대 미국 대통령을 지냈던 인물로, **인종 차별**, 성 차별적인 생각을 거침없이 표현해 문제가 되기도 했어요. 또 **이민자**를 받아들이지 않는 정책을 펼치고, 환경 오염 문제 해결을 위한 세계의 모임에서 탈퇴해 비난을 받기도 했지요. 그런데도 그가 다시 대통령이 될 수 있었던 이유는 미국의 이익을 최우선으로 내세운 '미국 우선주의'가 여전히 많은 사람의 지지를 받았기 때문이에요. 코로나19 위기 이후 높아진 물가와 금리로 경제적 어려움에 힘들었던 미국인들은 트럼프의 '미국이 최우선이다. 미국을 다시 잘살게 하겠다.'라는 약속에 기대를 걸었어요.

트럼프는 2025년 1월 20일부터 대통령 업무를 시작할 예정이에요. 그는 미국 우선주의 정책을 펼쳐 수입품에 대한 세금을 높이고, 불법 이민자들을 **추방**해 미국인의 일자리를 보호하겠다고 했어요. 또 러시아와 전쟁 중인 우크라이나에 대한 지원을 줄여 전쟁을 끝내겠다고 밝혔지요. 트럼프의 정책이 세계 경제와 외교에 어떤 영향을 미칠지 많은 나라가 주목하고 있어요.

- **인종 차별**(人 사람 인, 種 갈래 종, 差 다를 차, 別 나눌 별) 인종적 편견 때문에 특정한 인종에게 사회적, 경제적, 법적 불평등을 강요하는 일.
- **이민자**(移 옮길 이, 民 백성 민, 者 사람 자) 자기 나라를 떠나 다른 나라로 사는 곳을 옮겨 사는 사람.
- **추방**(追 쫓을 추, 放 내칠 방) 일정한 지역이나 조직 밖으로 쫓아냄.

 생각 넓히기 ✏️

1. 적용 및 추론하기

1 다음 두 선거 홍보지 중 도널드 트럼프가 사용할 가능성이 높은 것을 골라 ○표 해 보세요.

> 트럼프의 정책을 한 문장으로 요약해 나타낸다면 어떤 문구가 적절할지 생각해 봐.

| 다시 미국을 위대하게! | 함께 잘사는 세계를 위해! |

2 세계 여러 나라가 새로운 미국 대통령의 정책에 주목하는 이유는 무엇일까요?

> 다른 나라의 대통령에 대한 기사가 왜 이렇게 많이 나오는지 그 이유를 생각해 봐.

① 미국의 땅이 넓기 때문일 것이다.
② 도널드 트럼프가 두 번째로 대통령을 하기 때문일 것이다.
③ 미국의 정책이 전 세계에 큰 영향을 미치기 때문일 것이다.
④ 미국이 영어를 사용하는 나라이기 때문일 것이다.

지식 ○○ 등록

트럼프는 한국이 '돈 만드는 기계'라는데…. 어떻게 대응할까?

트럼프가 한국을 '돈 만드는 기계'인 '머니 머신(money machine)'이라고 부르면서 미국이 한국을 지켜 주는 비용을 10배 더 받겠다고 했어. 거기다 미국이 수입하는 물건에 세금을 최대 20%까지 올리겠다고 하니 미국에 수출을 많이 하는 우리나라 입장에서는 큰 문제가 될 수밖에 없지. 이제 새로운 미국 대통령 트럼프를 현명하게 상대할 전략을 잘 세워야 할 때야.

"학교에서 크록스 신지 마세요!" 크록스 금지하는 미국 학교들

'크록스'는 2002년 미국에서 탄생한 브랜드로, 발등에 구멍이 송송 뚫린 고무 샌들이에요. 원래 바다에서 신는 신발이었지만, 일상용으로 전 세계에 유행했어요.

여러분도 '크록스'를 신어 본 적 있나요? 가볍고 부드러우며 신고 벗기 쉬운 데다 물에 젖어도 괜찮아 많은 사람이 즐겨 신는 신발이에요. 크록스는 장신구로 개성 있게 꾸미기 좋고, 유명 연예인들이 신으

면서 전 세계 10대 사이에서 유행했지요. 미국 설문 조사에서도 '10대가 가장 좋아하는 상위 10대 상품'에 포함되었을 정도로 인기가 많았어요. 그런데 최근 미국에서는 일부 학교에서 학생들이 크록스를 신지 못하도록 금지하고 있어요.

2024년 10월 보도에 따르면, 조지아주, 플로리다주 등 최소 12개 주의 여러 학교가 등교할 때 크록스 착용을 금지했어요. 이는 크록스를 신은 학생들이 복도나 교실에서 넘어지는 사고가 많이 일어났기 때문이에요. 또 학생들이 크록스에 달린 장신구를 던지며 장난을 치는 일도 문제가 되었지요.

의학 전문가들은 크록스가 발 건강과 안전에 위험할 수 있다고 지적해요. 헐렁한 앞코 때문에 걸을 때 넘어질 위험이 크고, 에스컬레이터 등에 끼는 사고가 발생할 수 있어요. 또 발을 제대로 지지하지 못해 발목과 종아리에 무리가 가고, 오래 신으면 발 모양 이상이나 염증이 생길 가능성도 있다고 해요.

크록스 측은 학교의 금지 조치에 당혹스럽다는 입장을 밝혔어요. 이런 규제로 인해 2024년 초 사상 최대 매출을 기록한 크록스의 성장세가 주춤할 것으로 보여요.

• **개성**(個 낱 개, 性 성질 성) 다른 사람이나 개체와 구별되는 고유의 특성.

• **당혹**(當 당할 당, 惑 홀릴 혹) 갑자기 일을 당하여 어찌할 바를 모르고 쩔쩔맴.

• **매출**(賣 팔 매, 出 날 출) 물건 등을 내다 파는 일.

생각 넓히기 ✏️

2. 나의 생각 정리하기

1 여러분은 체육 시간에 크록스를 신는 것에 대해 어떻게 생각하나요? 기사의 내용을 참고하여 나의 생각을 써 보세요.

주장을 할 때는 누구나 납득할 수 있는 근거를 제시하는 것이 중요해.

나는 체육 시간에 _____

왜냐하면 _____

_____

2 학교에서 학생들이 크록스 신는 것을 금지한 것에 대한 의견입니다. 여러분의 생각과 가장 가까운 것을 고르고 그 이유를 써 보세요.

한 가지 사건은 학생, 학교, 기업 등 여러 입장에 영향을 미칠 수 있어.

㉠ 크록스 착용 금지는 학생들의 안전을 위해 필요한 조치이다.
㉡ 학생들이 무엇을 신을지는 자유롭게 선택할 수 있어야 한다.
㉢ 학교의 결정이 회사의 매출에 영향을 주어서는 안 된다.
㉣ 학교뿐만 아니라 다른 공공장소에서도 크록스 착용을 금지해야 한다.

나의 생각과 가장 가까운 의견: _____

왜냐하면 _____

_____

지식 ○○ 톡톡

의사, 간호사에게도 인기 만점 크록스

병원에서 일하는 의사나 간호사도 크록스를 많이 신는다고 해. 수술실에 들어갈 때 쉽게 벗고 신을 수 있고, 고무 소재라 세척이나 살균이 간편해서 병균이 없어야 하는 병원 환경에 적합하기 때문이지. 또 통풍이 잘되고 바닥이 푹신푹신해서 오래 서서 일하는 사람들에게 좋다고 해. 그래서 요즘 드라마에서도 병원에서 일하는 의사나 간호사가 크록스를 신고 있는 모습이 자주 나오고 있어.

소 방귀, 숨 쉬기에 돈을 내라고? 세계의 독특한 세금들

'세금'은 국가나 지방 공공 단체 운영에 사용하기 위해 법으로 정한 기준에 따라 국민으로부터 강제로 거두어들이는 돈을 말해요.

세계 여러 나라는 자기 나라의 상황과 필요에 따라 다양한 세금을 거두고 있어요. 그중에는 우리나라에 없는 독특한 세금도 많지요. 어떤 세금이 있는지 살펴볼까요?

가축 방귀에도 세금이? '방귀세'

소나 돼지 같은 가축이 방귀를 뀌거나 트림할 때 나오는 '메탄가스'는 지구 온난화를 일으키는 원인 중 하나예요. 이 메탄가스의 배출을 줄이기 위해 가축을 키우는 농가에 세금을 부과하는 나라들이 있지요. 에스토니아는 2009년부터 방귀세를 거두고 있고, 덴마크는 2030년부터 방귀세를 도입하기로 했어요.

공항에서 숨 쉬면 내는 세금? '호흡세'

베네수엘라는 2014년부터 시몬 볼리바르 공항에서 승객들에게 '호흡세'라는 특별한 세금을 부과했어요. 이는 공항 공기 정화 시스템을 통해 제공되는 신선한 공기를 마시는 비용으로 20달러(약 2만 8천 원)를 거두는 세금이지요. 18세기 프랑스 루이 15세가 세금을 많이 거두려고 받은 '공기세'처럼 황당한 세금이라는 평가도 많아요.

건강에 나쁜 음식에 붙는 세금? '건강세'

콜롬비아는 2023년부터 설탕이나 소금이 많이 들어간 즉석식품, 감자칩, 초콜릿, 탄산음료, 햄, 소시지 등에 10%의 건강세를 부과했어요. 국민의 건강한 식습관을 위해 2025년에는 건강세를 20%까지 올릴 계획이라고 해요.

• **지구 온난화**(地 땅 지, 球 공 구, 溫 따뜻할 온, 暖 따뜻할 난, 化 될 화) 지구의 기온이 높아지는 현상.

• **배출**(排 밀칠 배, 出 날 출) 안에서 밖으로 밀어 내보냄.

• **부과**(賦 거둘 부, 課 매길 과) 세금이나 부담금 등을 매기어 부담하게 함.

• **도입**(導 이끌 도, 入 들 입) 기술, 방법, 물자 등을 끌어 들임.

정답 및 해설 170쪽

 생각 넓히기

2. 나의 생각 정리하기

1 여러분이 대통령이라면 어떤 세금을 만들고 싶나요? 세금의 이름과 세금을 부과할 상황을 써 보세요.

이 세금을 내야 하는 이유를 생각하면서 만들어 봐.

세금 이름	세금을 부과할 상황

2 세금은 나라의 살림과 국민의 행복한 삶을 위해 사용되고 있습니다. 여러분이 대통령이라면 초등학생들을 위해 세금을 어떻게 사용할지 써 보세요.

세금은 국민이 낸 돈이야. 초등학생들에게 어떤 점이 가장 필요하고 도움이 될지 신중하게 생각해 봐.

〈예〉 • 세금을 활용해 초등학생들의 체험 학습을 무료로 지원하겠다.
• 세금을 활용해 학교 주변의 안전시설을 개선하겠다.

지식 ○○ 톡톡

'설탕세' 받는 나라가 많은데, 우리나라도 생길까?

설탕은 당뇨나 비만을 일으켜서 건강에 좋지 않아. 그래서 멕시코, 노르웨이, 프랑스, 핀란드, 영국, 이탈리아, 미국 등 여러 나라에서 사람들이 설탕을 덜 먹게 하려고 '설탕세'를 받고 있어. 이 설탕세는 음료나 과자 같은 식품에 들어 있는 설탕의 양에 따라 세금을 매기는 거야. 우리나라도 국민의 건강을 위해 설탕세 도입을 검토 중이라고 해.

정답 170쪽

옥 쌤의 쓱쓱 어휘

인종 차별
특정한 인종에게 불평등을 강요하는 일

자연재해
태풍, 홍수 등의 피할 수 없는 자연 현상으로 인한 피해

난민
전쟁이나 재난 등을 당하여 곤경에 빠진 사람

노출
겉으로 드러나거나 드러냄

골치
머리를 속되게 이르는 말

세계 곳곳에서 다양한 갈등과 문제가 발생하여 (머리를 속되게 이르는 말)을/를 썩이고 있어요. 전쟁으로 발생한 (전쟁이나 재난 등을 당하여 곤경에 빠진 사람) 문제뿐만 아니라 많은 사람이 (태풍, 홍수 등의 피할 수 없는 자연 현상으로 인한 피해)와/과 (특정한 인종에게 불평등을 강요하는 일)에 (겉으로 드러나거나 드러냄)되고 있지요. 이를 해결하기 위해 세계적인 협력과 노력이 절실히 필요해요.

★ 위의 문장을 알맞은 어휘를 사용하여 바꾸어 볼까요?

세계 곳곳에서 다양한 갈등과 문제가 발생하여 _____을/를 썩이고 있어요. 전쟁으로 발생한 _____ 문제뿐만 아니라 많은 사람이 _____와/과 _____에 _____되고 있지요. 이를 해결하기 위해 세계적인 협력과 노력이 절실히 필요해요.

팽팽 토론

최근 우리나라에도 음식을 먹은 후 '팁'을 요구하는 가게들이 생겨나고 있어요. 미국에서는 음식값 외에 서비스에 대한 감사의 표시로 팁을 주는 것이 일반적이지만, 우리나라에서는 팁 문화가 익숙하지 않은 편이지요. 그렇다면 우리나라에 팁 문화를 도입하는 것에 대해 여러분은 어떻게 생각하나요?

우리나라에 팁 문화를 도입하는 것이 좋을까? 아니면 좋지 않을까?

저는 팁 문화를 도입하는 것이 좋다고 생각해요.

왜냐하면 직원들의 서비스 질이 좋아지고, 노력에 대한 정당한 보상이 이루어질 수 있기 때문이에요.

저는 팁 문화를 도입하는 것이 좋지 않다고 생각해요.

왜냐하면 팁이 추가 부담이 되어 소비자들이 불편을 느끼고, 불필요한 논란을 일으킬 수 있기 때문이에요.

저는

왜냐하면

가족과 함께 프랑스에 있는 루브르 박물관을 방문했어. 박물관은 여덟 개의 전시관으로 나뉘어 있다고 해. 약 61만 점의 작품을 소장하고 있을 정도로 규모가 커서 하루 만에 다 둘러보는 건 불가능했지. 그래서 우선 레오나르도 다 빈치의 「모나리자」를 보러 갔는데…. 헉, 누군가가 「모나리자」에 물감을 뿌려 놓은 거야!

5장

문화·예술 이슈

빌보드   노벨 문학상   한국 양궁

의병장 편지   받아쓰기 대회

러닝 크루   국가 무형유산

BTS, 빌보드 '21세기 최고 팝스타'에 선정…, 그런데 빌보드가 뭐지?

빌보드는 음악 산업에 끼친 영향, 앨범 판매량, 비평가의 평가 등을 기준으로 21세기 가장 영향력 있는 가수 25명을 뽑아 '21세기 최고의 팝스타'로 선정해요.

2024년 9월 10일, 미국의 빌보드는 우리나라 인기 그룹 BTS(방탄소년단)가 '21세기 최고의 팝스타' 19위에 올랐다고 발표했어요. 빌보드는 BTS가 세계적으로 유명한 영국 록 밴드 '비틀스'만큼 큰 성공을 거두었으며, 새로운 팝의 **청사진**을 제시했다고 평가했어요. 그런데 빌보드는 어떤 곳이길래 이렇게 세계 가수들의 순위를 발표하는 걸까요?

▲ 주크박스

빌보드는 1894년 미국에서 시작된 가수 **홍보** 잡지였어요. 1930년대, 사람들이 동전을 넣고 원하는 노래를 들을 수 있는 '주크박스'가 유행하면서, 빌보드는 주크박스로 가장 많이 들은 노래 순위를 발표했어요. 이 순위를 통해 인기 가수와 노래를 알 수 있었고, 빌보드는 점점 유명해졌어요. 가수들은 자신의 이름을 빌보드에 올리는 것을 목표로 삼게 되었지요. 시간이 흐르면서 빌보드는 누구나 인정하는 음악 순위의 기준이 되었어요. 주크박스가 사라진 뒤에는 많이 팔린 앨범을 기준으로 순위를 정했고, 지금은 앱이나 유튜브 등에서 가장 많이 들은 음악을 기준으로 순위를 발표하고 있어요.

세계에서 가장 **권위** 있는 음악 차트인 빌보드에 이름을 올리는 것은 모든 가수의 꿈이에요. BTS는 2020년 우리나라 가수 최초로 빌보드 차트 1위를 기록하며 그 꿈을 이루었지요. BTS 외에도 많은 한국 가수들이 빌보드에 이름을 올리며 한국 음악의 인기를 세계에 떨치고 있어요.

● **청사진**(靑 푸를 청, 寫 베낄 사, 眞 참 진) 미래에 대한 희망적인 계획이나 구상.

● **홍보**(弘 넓을 홍, 報 알릴 보) 널리 알림. 또는 그 소식이나 보도.

● **권위**(權 권세 권, 威 위엄 위) 일정한 분야에서 사회적으로 인정을 받고 영향력을 끼칠 수 있는 위엄과 신망.

정답 및 해설 171쪽

 옥 쌤의 독해 교실 ✏️

1. 주요 단어 살펴보기

1 다음 기사 속 문장에 사용된 '차트(chart)'를 대신할 수 있는 표현은 무엇일까요?

> 세계에서 가장 권위 있는 음악 차트인 빌보드에 이름을 올리는 것은 모든 가수의 꿈이에요.

① 발표 자료　　② 가수　　③ 순위표　　④ 지도

빌보드 차트에서는 인기 있는 노래의 순위를 확인할 수 있어.

2 다음 기사 속 문장에 사용된 '꿈'과 같은 의미로 쓰인 것은 무엇일까요?

> BTS는 2020년 우리나라 가수 최초로 빌보드 차트 1위를 기록하며 그 꿈을 이루었지요.

① 꿈에 귀신이 나와서 밤새 한숨도 못 잤어.
② 어젯밤에 BTS가 나오는 꿈을 꿨어.
③ 내 꿈은 BTS를 직접 만나는 거야.
④ 오늘은 꿈도 꾸지 않고 푹 잤어.

하나의 단어가 여러 가지 의미를 가지는 경우가 있는데, 이러한 단어를 다의어라고 해.

지식 ○─○ 톡톡

빌보드에 부는 한류 열풍, 한국 동요까지 빌보드에 올랐다

빌보드는 지난 10년간 빌보드 차트 1위에 가장 많은 곡을 올린 가수가 BTS라고 발표했어. 이를 통해 세계 음악계에서 한류 열풍이 확실히 자리 잡고 있음을 보여 준 셈이지. 그런데 빌보드 차트에 우리나라 동요가 순위에 오른 적도 있다는 사실, 알고 있니? 우리나라에서 만든 동요 '아기 상어'가 2019년에 빌보드 차트 32위를 기록하며 전 세계인의 사랑을 받았지.

세계 최고 한국 양궁, 왜 이렇게 강한가?

한국 양궁은 1984년 LA올림픽부터 2024년 파리올림픽까지 모든 올림픽에서 메달을 따며 금메달 32개, 은메달 10개, 동메달 8개를 기록했어요.

2024년 파리올림픽에서 한국 양궁은 남녀 개인전, 단체전, 혼성전의 금메달 5개를 모두 차지했어요. 은메달과 동메달도 하나씩 따며 압도적인 실력을 보여 줬지요. 특히 여자 양궁은 단체전에서 올림픽 최초로 10회 연속 금메달을 기록하며 전 세계를 놀라게 했어요. 이 모습을 지켜본 외국인들은 "올림픽 양궁은 4년마다 한국인에게 금메달을 주는 행사이다.", "한국을 가장 늦게 만나는 팀이 은메달을 딴다."라며 감탄했지요.

한국 양궁은 왜 이렇게 강한 걸까요? 비결은 **체계적**이고 **공정**한 시스템에 있어요. 초등학생 때부터 시작해 국가대표가 되기까지의 훈련 과정이 체계적으로 준비되어 있지요. 선수들은 수년에 걸친 훈련으로 완  벽히 성장하고, 이후 선발전에서 공정하게 실력을 겨뤄 국가대표로 뽑혀요. 선발전 경쟁이 얼마나 **치열**한지 전 올림픽에서 금메달을 땄던 선수도 탈락할 정도예요. 그래서 국가대표로 뽑히는 것이 올림픽 메달을 따는 것보다 더 어렵다는 말이 나올 정도지요. 이런 체계적이고 공정한 시스템은 대한 양궁 협회의 지원 덕분이에요. 이번 파리올림픽에서도 협회는 경기장과 똑같은 훈련장을 만들고 양궁 로봇까지 활용해 선수들의 실력을 끌어올렸어요.

지금도 한국 양궁 선수들은 하루 400발 이상의 화살을 쏘며 피땀 흘려 훈련하고 있어요. 앞으로 열릴 2028년 LA올림픽에서도 한국 양궁의 금빛 소식이 들려올 것 같아요.

- **체계적**(體 몸 체, 系 이을 계, 的 것 적) 낱낱의 부분이 짜임새 있게 조직되어 통일된 전체를 이루는 것.
- **공정**(公 공평할 공, 正 바를 정) 공평하고 올바름.
- **치열**(熾 사를 치, 烈 세찰 열) 기세나 세력 등이 불길같이 몹시 사납고 세참.

정답 및 해설 171쪽

옥 쌤의 독해 교실 ✏️

1. 주요 단어 살펴보기

1 다음 기사 속 문장에 사용된 '피땀 흘려 훈련한다.'라는 표현의 의미는 무엇일까요?

'진짜 피를 흘리며 훈련했다.'라는 뜻이 아니라, 비유적인 표현을 사용한 거야.

> 지금도 한국 양궁 선수들은 하루 400발 이상의 화살을 쏘며 <u>피땀 흘려 훈련하고</u> 있어요.

① 활을 많이 쏴서 손에 피가 나도록 훈련했다.
② 엄청난 노력을 했다.
③ 여름에 에어컨도 없는 곳에서 훈련했다.
④ 훈련하다 많은 사람이 다쳤다.

2 양궁에서 '궁'은 '활'을 뜻합니다. 그렇다면 '양'이라는 글자는 무엇을 의미할까요?

양말, 양복, 양철에서 사용된 '양'은 모두 같은 의미로 쓰였어.

① 서양에서 온   ② 두 개의
③ 바다의   ④ 양의 털로 만든

지식 ○─○ 톡톡

잠든 거 아니야? 한국 양궁 선수들의 평온한 심박수의 비밀

양궁은 집중력과 차분함이 중요한 스포츠야. 우리나라 선수들은 경기 중에도 마치 잠든 것처럼 안정적인 심박수를 유지하는데, 그 비결은 철저한 훈련에 있지. 선수들은 시끄러운 축구장에서 소음을 견디는 훈련을 하고, 감정이 없는 양궁 로봇과 경기하며 정신력을 키웠어. 또 공포감을 극복하기 위해 번지 점프 같은 훈련으로 담력을 쌓고, 호흡과 명상으로 긴장을 풀었다고 해.

자는 것 아니고 활 쏘는 거예요.

배우는 사람 없어 국가 무형유산이 사라진다, '전승취약 종목'

국가유산 중에서 노래, 춤, 기술처럼 일정한 모양이 없는 전통 예술이나 기술을 '국가 무형유산'이라고 해요.

　㉠2024년 9월 6일, 덕수궁 돈덕전 1층 전시장에서 **전승취약** 종목'에 대한 관심을 모으기 위한 전통 작품 전시회가 열렸어요. 전통 나침반인 '윤도', 옷감을 짜는 기구인 '바디', 전통 담뱃대인 '백동연죽' 같은 이름도 모습도 낯선 전통 물건들이 전시되었지요. 이런 전통 물건들을 만드는 기술은 국가 무형유산으로 지정되어 있지만, 이를 배우려는 사람이 없어서 사라질 위기에 처해 있어요. 이렇게 기술을 이어받을 사람이 없어 전통이 끊길 위험에 처한 무형유산을 전승취약 종목이라고 해요.

　㉡국가유산청은 3년마다 무형유산 중에서 전승취약 종목을 뽑아 지원하고 있어요. 2023년에는 갓일, 윤도장, 바디장 같은 전통 기술 20종목과 가곡, 가사, 줄타기 같은 전통 공연 및 예술 5종목이 포함되었어요. 이름만 들어서

는 무엇인지 모를 만큼 사람들에게 잊혀 가는 무형유산들이지요. 이를 살리기 위해 국가유산청은 전승취약 종목의 기술을 가진 국가 무형유산 보유자에게는 매년 471만 원,이 기술을 배우는 사람에게는 매년 313만 원을 지원하고 있어요.

　㉢하지만 이런 지원만으로는 부족해요. 이미 보기 드문 무형유산이라 사람들의 관심을 끌지 못하고, 이 기술을 배울 사람을 찾기도 어려운 상황이에요. 전승취약 종목의 전통을 이어 가기 위해서는 더 **적극적**인 홍보와 지원, 교육이 필요해요.

● **전승**(傳 전할 전, 承 받들 승) 문화, 풍속, 제도 등을 이어받음. 또는 그것을 물려주어 잇게 함.

● **취약**(脆 무를 취, 弱 약할 약) 무르고 약함.

● **적극적**(積 쌓을 적, 極 끝 극, 的 것 적) 대상에 대한 태도가 긍정적이고 능동적인 것.

정답 및 해설 171쪽

 옥 쌤의 독해 교실 ✏️

2. 중심 문장 파악하기

1 빈칸에 알맞은 말을 ㉠ 문단에서 찾아 써 보세요.

> ㉠ 문단에서는
> 전승취약 종목이
> 무엇인지에 대해
> 설명하고 있어.

전승취약 종목 = 기술을 ☐☐☐☐ 사람이 없어 전통이 끊길 위험에 처한 ☐☐☐☐

2 ㉡ 문단과 ㉢ 문단의 중심 문장을 정리한 내용입니다. 빈칸을 채워 문장을 완성해 보세요.

> 중심 문장은
> 문단의 처음이나
> 마지막에 나오는
> 경우가 많아.

- ㉡ 문단: ☐☐☐☐☐ 은 3년마다 무형유산 중에서

  전승취약 종목을 뽑아 ☐☐ 하고 있다.

- ㉢ 문단: 전승취약 종목의 전통을 이어 가기 위해서는 더 적극적인

  ☐☐ 와 ☐☐ , 교육이 필요하다.

지식 ○─○ 톡톡

왜 새로운 '국가 무형유산 보유자'가 되려는 사람이 없을까?

'국가 무형유산 보유자'로 인정받기까지는 오랜 시간이 걸려. 옛날에는 제자가 스승과 평생을 함께 살며 기술을 배우고 익혔지만, 요즘에는 그렇게 할 수 있는 사람이 거의 없지. 게다가 무형유산 기술만으로 생계를 유지하기도 어려운 상황이야. 그래서 이름조차 낯선 전승취약 종목을 이어받으려는 사람을 찾기란 더욱 힘든 일이 되었어.

'독수리' 대신할
우리말 태풍 이름은?

장마, 폭설과 같은 기상 현상과 달리 태풍에는 이름이 있어요. 같은 지역에 여러 태풍이 생기면 예보가 헷갈릴 수 있어 각각의 이름을 붙이는 거예요.

㉠2024년 7월, 기상청이 새로운 우리말 태풍 이름을 **공모**한다고 발표했어요. 부르기 쉽고 기억하기 좋은 우리말 태풍 이름을 7월 30일까지 지어 보내면, 10명을 뽑아 5만 원권 모바일 상품권을 주는 공모전이에요. 그런데 왜 기상청은 새로운 태풍 이름을 찾는 걸까요? 그 이유를 알려면 먼저 태풍 이름이 어떻게 정해지는지 알아야 해요.

㉡태풍 이름은 14개 나라가 10개씩 제출한 총 140개를 돌아가면서 사용하는데, 큰 피해를 준 태풍의 이름은 없애고 새 이름으로 바꿔요. 태풍 이름을 바꾸는 까닭은 태풍 피해를 입은 사람들의 마음을 **배려**하고, 다시는 같은 일이 발생하지 않기를 바라기 때문이지요. 그래서 각 나라가 처음 제출한 이름  도 시간이 지나며 **일부** 바뀌었어요. 이렇게 바뀌고 남은 우리말 태풍 이름은 '개미, 나리, 장미, 미리내, 호두, 제비, 너구리, 개나리, 고사리, 독수리' 10개예요. 여기에 북한이 낸 이름 10개를 합치면 총 20개이지요.

㉢2024년 3월, 태풍 위원회는 2023년 중국과 필리핀에 큰 피해를 준 태풍 '독수리'의 이름을 없애기로 했고, 기상청은 이를 대신할 새 이름을 공모한 거예요. 이번 공모전에서 뽑힌 이름은 2025년 2월 태풍 위원회 총회에서 최종 결정돼 사용될 예정이에요. 과연 독수리를 대신할 새로운 우리말 태풍 이름은 무엇일까요?

● **공모**(公 드러낼 공, 募 뽑을 모) 일반에게 널리 공개하여 모집함.

● **배려**(配 나눌 배, 慮 생각할 려) 도와주거나 보살펴 주려고 마음을 씀.

● **일부**(一 하나 일, 部 나눌 부) 한 부분. 또는 전체를 여럿으로 나눈 얼마.

정답 및 해설 171쪽

옥 쌤의 독해 교실 ✏️

2. 중심 문장 파악하기

1 다음은 ㉠ 문단의 중심 문장입니다. 이 문장을 바르게 이해한 사람은 누구인가요?

> 2024년 7월, 기상청이 새로운 우리말 태풍 이름을 공모한다고 발표했다.

문장에 사용된
단어의 뜻을 정확히
알아야 문장의 의미를
올바르게 이해할 수
있어.

- **지훈**: 우리나라에 7월 태풍이 찾아왔대.
- **승우**: 기상청에서 새로운 우리말 태풍 이름을 정했대.
- **하진**: 기상청에서 무서운 태풍 이름을 지으려고 한다.
- **우경**: 기상청에서 사람들이 태풍 이름을 지을 수 있도록 했대.

2 ㉡ 문단을 보고 새로운 태풍 이름을 공모하는 이유를 골라 보세요.

우리나라에서
만든 태풍 이름인
'독수리'는 더 이상
사용하지 않게
되었어.

① 태풍이 많이 발생해 더 이상 사용할 이름이 없기 때문에
② 큰 피해를 준 태풍 독수리의 이름을 없애기로 했기 때문에
③ 우리나라가 태풍 이름을 정할 차례가 되었기 때문에
④ 태풍이 우리나라에 큰 피해를 주었기 때문에

지식 ○○ 똑똑

최초의 태풍 이름은 예보관이 싫어하는 정치인 이름이었다

태풍 이름은 1953년 호주의 예보관들이 처음 사용했어. 이들은 태풍에 자신이 싫어하는 정치인의 이름을 붙였다고 해. 예를 들어 정치인의 이름이 앤더슨이라면 "태풍 앤더슨이 큰 피해를 주고 있습니다.", 이런 식으로 말이야. 이후 미국에서 아나나 애인의 이름을 태풍 이름으로 사용하면서 한동안 여자 이름만 사용되기도 했어.

태풍 앤더슨이
나라를 휘젓고
다닙니다!

110년 만에 돌아온
항일 의병장들의 편지

'의병'이란 외적을 물리치려고 백성이 모여 만든 군대로, 이를 이끄는 대장이 '의병장'이에요. '항일 의병장'은 1905년부터 일본에 맞서 싸운 의병의 대장이었어요.

"저 적은 나라의 피맺힌 원수임을 너희가 아는데 지금 하는 바는 부끄럽지 않은가!" 1909년 2월, 의병장 윤인순은 우리나라를 빼앗으려는 일본에 협력하는 사람들에게 이런 글을 써 마음을 돌려 의병을 도우라고 설득했어요. 이렇게 일제에 맞서 싸운 의병장들이 남긴 글과 편지들이 110년 만에 일본에서 조국으로 돌아왔어요.

2024년 7월, 국가유산청은 복권 기금을 통해 의병 관련 문서와 편지들을 일본에서 구입하고, 8월 14일 국립 고궁 박물관에서 공개했어요. 공개된 자료는 항일 의병장 허위, 허겸, 이강년, 노재훈, 윤인순 등이 쓴 글과 편지 9건, 유인석의 스승인 유중교와 의병장 최익현의 편지 4건 등 총 13건이에요. 이 문서들은 조선 총독부의

▲ 노재훈의 문서

일본 경찰이 수집해 두루마리로 만든 것으로, 두 개의 두루마리에는 '일본을 **배척**한 **폭도**의 글', '일본을 배척한 두목의 편지'라는 제목이 붙어 있었어요. 일본이 우리 의병과 의병장들을 '폭도', '두목'이라고 나쁘게 부른 흔적이지요.

이 문서에는 나라를 지키려는 의병들의 의지와 당시 상황이 생생히 담겨 있어요. 연구원들은 이를 의병 활동과 일제의 **탄압**을 보여 주는 귀중한 자료로 평가했어요. 국가유산청은 백 년 넘게 일본이 숨겨 온 이 문서를 되찾은 일이 우리 의병장들의 정신을 되살리는 데 큰 의미가 있는 값진 성과라고 밝혔어요.

• **배척**(排 밀칠 배, 斥 물리칠 척) 따돌리거나 거부하여 밀어 내침.

• **폭도**(暴 사나울 폭, 徒 무리 도) 폭동을 일으키거나 폭동에 참여한 사람의 무리.

• **탄압**(彈 퉁길 탄, 壓 누를 압) 권력이나 무력 등으로 억지로 눌러 꼼짝 못 하게 함.

정답 및 해설 171쪽

옥 쌤의 독해 교실 ✏️

3. 세부 내용 파악하기

1 의병장들이 남긴 글과 편지의 모습으로 가장 적절한 것은 무엇인가요?

① 　② 　③ 　④

두루마리는
가로로 길게 이어진
종이를 돌돌 말아 둥글게
만든 형태를 뜻해.

2 기사의 내용과 일치하는 것은 무엇인가요?

① 의병장들이 쓴 글과 편지가 50년 동안 일본에 보관되어 있었다.
② 일본이 스스로 우리나라에 의병장들의 편지를 돌려주었다.
③ 의병장들이 편지를 두루마리 형태로 작성했다.
④ 두루마리에는 나라를 지키려는 의병들의 의지와 당시 상황이 담겨 있다.

글은 과거의 일을
기록하여 미래의
후손들에게 전할 수 있는
소중한 수단이야.

지식 ○○ 톡톡

영국 기자 매켄지의 눈에 비친 우리나라 의병의 모습

일본군이 우리나라 왕비를 살해하자, 선비들뿐만 아니라 농민, 스님 등 많은 백성이 의병이 되어 일본에 맞서 싸웠어. 이때 의병을 취재했던 영국 기자 매켄지는 망가진 낡은 총을 든 의병들의 눈빛에서 "일본의 노예가 되느니 죽더라도 싸우겠다."라는 강한 애국심을 느꼈다고 해. 의병들의 이런 정신은 독립운동가들에게 이어져 결국 우리나라의 독립을 이루는 데 큰 힘이 되었지.

— 제1회 전 국민 받아쓰기 대회 열렸다! — 다음엔 우리도 나가 볼까?

한글 받아쓰기가 어려운 이유는 '해돋이[해도지]', '같이[가치]'처럼 글자와 소리가 다른 낱말이 많고, 띄어쓰기 규칙이 까다롭기 때문이에요.

여러분도 받아쓰기를 해 본 적이 있지요? 그럼 한번 맞혀 보세요. 빵을 입에 '우겨넣다'로 쓸까요, '욱여넣다'로 쓸까요? '별∨볼일∨없다'로 띄어쓸까요, '별∨볼∨일∨없다'로 띄어쓸까요? 답은 모두 두 번째 것이에요. 헷갈리지요? 그런데 받아쓰기가 어린이들에게만 어려운 게 아니었어요. 받아쓰기 대회에 참가한 어른들도 이런 문제들에 쩔쩔맸다고 해요.

2024년 10월 4일, 한글날을 기념하는 한글 주간 첫날에 경복궁 흥복전에서 제1회 전 국민 받아쓰기 대회가 열렸어요. 이 대회에는 3천여 명의 지원자 중 **예선**을 통과한 120명과 외국인 특별 출연자 10명, 총 130명이 참가했어요. 참가자들은 40분 동안 280자 정도의 제시문 두 개를 듣고 받아썼어요. 제시문은 7~8개의 문장으로 구성되었는데, 헷갈리기 쉬운 맞춤법과 띄어쓰기, '펜실베이니아', '워크숍' 같은 외래어가 포함돼 있어 매우 어려웠지요. 이 대회의 1등인 '으뜸상'은 대구의 한 초등학교 체육 선생님이 받았어요. 그는 맞춤법에 관심이 많아 하루 2시간씩 공부했다고 했지요.

대회를 **주최**한 국립 국어원은 "최근 '문해력 논란'이 끊이지 않아 한글 규정에 대한 관심을 재미있게 **환기**하려고 행사를 열었다."라고 밝혔어요. 대회에 참가하는 데 나이 제한이 없으니, 내년에는 우리도 도전해 보면 어떨까요?

● **예선**(豫 미리 예, 選 고를 선) 우승자를 결정하기 위한 최종 선발에 나갈 선수나 팀을 뽑음.

● **주최**(主 주될 주, 催 열 최) 행사나 모임을 주장하고 기획하여 엶.

● **환기**(喚 부를 환, 起 일어날 기) 주의나 여론, 생각 등을 불러일으킴.

정답 및 해설 171쪽

 옥 쌤의 독해 교실 ✏️

3. 세부 내용 파악하기

1 다음 문장을 알맞게 띄어쓰기 하여 써 보세요.

별볼일없다.

기사는 올바른 맞춤법과 띄어쓰기를 지켜 작성되기 때문에 띄어쓰기 공부에도 도움이 돼.

2 '제1회 전 국민 받아쓰기 대회'에 대해 이야기를 나눈 것입니다. 잘못 말한 친구의 이름을 모두 써 보세요.

- **수정**: 전 국민 받아쓰기 대회는 한글날을 기념해 만들어졌어.
- **효성**: 맞아. 그래서 10월 9일에 열렸어.
- **민진**: 3천여 명의 지원자 중 120명이 예선을 통과했대.
- **수빈**: 특별 출연자는 외국인 10명이었어.
- **서진**: 1등은 대구의 한 중학교 국어 선생님이래.

기사의 내용을 이해한 뒤 다른 사람과 대화를 나누면, 그 내용이 더 오래 기억에 남아.

지식 ○○ 쏙쏙

전 국민 받아쓰기 대회의 문제, AI가 만들었다

전 국민 받아쓰기 대회 본선에 나온 받아쓰기 문제는 인공 지능이 만들었다고 해. '객쩍다', '내로라하다', '마뜩잖다', '오도카니', '숫제'처럼 사람들이 자주 틀리는 낱말들을 골라 인공 지능에 입력하고, 그걸 바탕으로 문장을 만들게 한 거지. 그렇게 만든 문장을 전문가들이 검토해서 최종적으로 문제를 완성한 거야.

그는 택견에 있어서 전 세계에서 내로라하는 인물이다.

2030 '러닝 크루' 열풍, ○○가 필요해요!

'러닝(running)'은 비교적 긴 거리를 빠르게 달리는 운동으로, 100m를 30초 정도로 뛰는 것을 말해요. 그보다 느리게 뛰는 것은 '조깅'이라고 하지요.

공원이나 강변을 가면 달리는 사람들을 쉽게 볼 수 있어요. 요즘은 20~30대 젊은이들이 무리 지어 함께 달리는 모습도 자주 보이는데, 이렇게 모여 달리는 무리를 '러닝 크루'라고 해요. 젊은이들 사이에서 러닝이 인기를 끌면서 자연스럽게 생겨난 유행이에요. 그런데 왜 러닝이 이렇게 인기를 얻게 되었을까요?

먼저 러닝은 다른 운동에 비해 **시도**하기가 쉬워요. 특별한 도구나 장소가 필요 없고, 비용도 적게 들어요. 운동화와 가벼운 옷차림만 있으면 언제 어디서나 시작할 수 있지요. 코로나19 이후 건강에 대한 관심이 높아지면서 젊은이들이 러닝을 많이 하게 되었어요. 체중 관리와 근육 **강화**에 효과적일 뿐 아니라 스트레스 **해소**에도 좋기 때문이지요. 또 누리 소통망(SNS)을 통해 러닝 기록을 공유하고 서로 응원하는 문화가 생기자 많은 사람이 러닝 크루를 이루어 함께 달리게 되었어요.

러닝 크루는 원하는 때만 참여할 수 있어 부담이 적고, 혼자 달릴 때보다 꾸준히 할 수 있는 장점이 있어요. 하지만 많게는 수십 명이 함께 달리면서 길을 막아 다른 사람들에게 불편을 주는 문제도 발생했어요. 그래서 공원이나 산책로에 많은 사람이 함께 달리는 것을 금지하는 현수막이 걸리기도 했지요. 안전하게 러닝을 즐기고 다른 사람들에게 피해를 주지 않으려면 서로를 배려하는 러닝 문화가 자리 잡아야 해요.

● **시도**(試 시험할 시, 圖 꾀할 도) 어떤 것을 이루어 보려고 계획하거나 행동함.

● **강화**(強 강할 강, 化 될 화) 세력이나 힘을 더 강하고 튼튼하게 함.

● **해소**(解 풀 해, 消 사라질 소) 어려운 일이나 문제가 되는 상태를 해결하여 없애 버림.

정답 및 해설 172쪽

 옥 쌤의 독해 교실 ✏️

4. 한 문장으로 정리하기

1 다음 단어의 뜻을 보고 기사의 제목에 어울리는 단어를 찾아 빈칸에 써 보세요.

제목만 보고도
글의 내용을 짐작할
수 있어야 해.

> **노력**: 목적을 이루기 위하여 몸과 마음을 다하여 애를 씀
> **배려**: 도와주거나 보살펴 주려고 마음을 씀
> **참견**: 자기와 별로 관계없는 일에 끼어들어 이래라저래라 함
> **인기**: 어떤 대상에 쏠리는 사람들의 관심

2030 '러닝 크루' 열풍, ☐☐이/가 필요해요!

2 글쓴이의 생각을 한 문장으로 바르게 정리한 것을 고르세요.

① 20~30대 젊은이들에게 러닝 크루가 많은 인기를 끌고 있다.
② 러닝은 특별한 도구나 장소가 필요 없고, 비용이 적게 들어 적극 권장한다.
③ 러닝 크루는 달리면서 길을 막아 다른 사람에게 피해를 주기 때문에 금지해야 한다.
④ 러닝을 안전하게 즐기고 다른 사람에게 피해를 주지 않으려면 서로를 배려하는 러닝 문화가 필요하다.

글쓴이의 생각은
글의 시작이나
마지막에 나타나는
경우가 많아.

지식 ○-○ 톡톡

즐거움을 위해 달린다, '펀 러닝'

'펀 러닝'은 기록이나 순위를 신경 쓰지 않고 오로지 즐거움을 위해 달리는 러닝을 말해. 펀 러닝을 즐기는 사람들은 '펀 러닝족'이라고 불리는데, 러닝 크루를 만들어 '고구마런', '고래런', '해마런'처럼 러닝 코스 모양에 이름을 붙여 달리기도 해. 또 펀 러닝족을 위해 반려견과 함께 달리는 '멍멍런'이나 빵을 먹고 칼로리를 태우자는 '빵빵런' 같은 재미있는 행사도 열렸지.

한국 최초 노벨 문학상, 한강 작가가 받았다!

노벨 문학상은 프랑스 공쿠르상, 영국 부커상과 함께 세계 3대 문학상 중 하나예요. 나라, 성별, 나이, 언어와 상관없이 작가의 작품과 세계에 끼친 영향을 기준으로 수상자를 뽑아요.

2024년 10월 10일, 한강 작가가 한국인 최초이자 아시아 여성 작가 최초로 노벨 문학상을 수상했어요. 한강 작가는 이미 2016년 맨부커상, 2023년 메디치상을 수상한 경력이 있어요. 하지만 노벨 문학상은 주로 나이가 많은 작가가 받기에 54세의 한강 작가가 수상할 거라고는 예상하지 못했어요. 수상 소식이 전해지자 많은 사람이 놀라며 기뻐했지요. 드라마, 영화, 대중음악으로 세계의 주목을 받아 온 한국 문화가 이제 문학 분야에서도 세계의 관심을 받게 된 거예요.

한강 작가는 소설가 한승원 작가의 딸로 태어나 연세 대학교 국문과를 졸업한 뒤 시로 먼저 **등단**했어요. 이후 출판사에 근무하며 틈틈이 쓴 소설 「붉은 닻」이 신춘문예에 당선되면서 소설가로 데뷔했지요. 이렇게 시와 소설 모두에 뛰어난 재능을 보여 준 한강 작가의 작품은 노벨 위원회로부터 '강렬한 시적 **산문**'이라는 평가를 받았어요.

노벨 위원회는 한강 작가의 작품이 '역사적 **트라우마**와 보이지 않는 규칙에 맞서고 인간 삶의 연약함을 **폭로한다.**'라며 수상 이유를 밝혔어요. 대표작으로 『채식주의자』, 『소년이 온다』, 『작별하지 않는다』 등이 소개됐는데, 어린이들이 읽기엔 어려운 작품들이에요. 하지만 한강 작가가 쓴 그림책 『천둥 꼬마 선녀 번개 꼬마 선녀』와 어른과 함께 읽는 동화책 『내 이름은 태양꽃』, 『눈물 상자』를 찾아 읽으며 노벨 문학상을 꿈꿔 보면 어떨까요?

- **등단**(登 오를 등, 壇 단 단) 어떤 사회적 분야에 처음으로 등장함.
- **산문**(散 흩을 산, 文 글월 문) 소설이나 수필처럼 운율에 얽매이지 않고 자유로운 문장으로 쓴 글.
- **트라우마** 정신에 계속 영향을 주는 심한 감정적 충격.
- **폭로**(暴 갑자기 폭, 露 드러낼 로) 알려지지 않았거나 감춰져 있던 나쁜 사실을 드러냄.

정답 및 해설 172쪽

옥 쌤의 독해 교실 4. 한 문장으로 정리하기

1 글쓴이가 전하고 싶은 말을 한 문장으로 바르게 정리한 것은 무엇인가요?

① 한강 작가가 2016년에 맨부커상을 받았다.
② 한강 작가는 메디치상을 수상한 경력이 있다.
③ 한강 작가가 한국인 최초로 노벨 문학상을 수상했다.
④ 많은 사람이 한강 작가가 노벨 문학상을 받을 것이라고 예상했다.

기사는 실제로 일어난 일을 사실 그대로 기록해야 해.

2 글쓴이가 어린이 독자들에게 하고 싶은 말을 한 문장으로 바르게 정리한 것은 무엇인가요?

① 한강 작가의 『채식주의자』를 읽고 요약해 보세요.
② 한강 작가의 동화책을 읽으며 노벨 문학상을 꿈꿔 보세요.
③ 한강 작가의 작품은 읽지 말아야 해요.
④ 우리나라에서 더 많은 사람이 노벨 문학상을 받아야 해요.

기사에는 일어난 사실에 대한 글쓴이의 개인적인 의견이 담기기도 해.

지식 OO 톡톡

한강 작가의 '100년 뒤 읽을 수 있는 소설' 2114년에 나온다

노르웨이의 예술 단체 '미래 도서관'은 2014년부터 매년 1명씩, 총 100명의 작가를 선정해 100년 동안 키운 나무 1,000그루로 2114년에 책을 출판하는 일을 하고 있어. 한강 작가도 여기에 뽑혀서 2019년에 「사랑하는 아들에게」라는 소설 원고를 넘겼다고 해. 이 책은 90년 뒤인 2114년에 나올 예정인데, 아마도 우리 자손들이 읽게 되겠지?

— 안중근 의사가 감옥에서 쓴 간절한 '독립', — — 조국에서 전시 —

우리나라가 일본에 강제로 지배를 받던 때, 우리 민족의 독립을 위하여 여러 가지 민족 운동을 하던 사람을 독립운동가라고 해요.

안중근 의사는 우리나라가 일본에 강제로 지배를 받던 때에 일본과 맞서 싸운 독립운동가예요. 그는 1909년 중국 하얼빈역에서 일본의 초대 총리 이토 히로부미를 총으로 쏴 **처단**했어요. 이 **의거**로 일본 경찰에 체포되어 뤼순 감옥에 갇힌 뒤, 다음 해 사형을 당했지요. 비록 그의 **유해**는 찾을 수 없어 조국으로 오지 못했지만, 그의 정신이 담긴 **유묵**이 15년 만에 조국에 돌아왔어요.

2024년 10월 24일부터 2025년 3월 31일까지 대한민국 역사 박물관에서 안중근 의사의 하얼빈 의거 115주년을 기념한 특별 전시회가 열려요. 여기에는 곳곳에 흩어져 있던 유묵들이 전시되는데, 특히 '獨立(독립)' 두 글자가 힘차게 쓰인 유묵이 눈길을 끌어요. 왼쪽에는 안중근 의사의 손도장과 함께 '경술 2월 뤼순 감옥 안에서 대한국인 안중근 씀.'이라는 글이 쓰여 있지요. 당시 적이었던 일본 교도관과 검사들마저 안중근의 의로운 정신을 존경해 글씨를 써 달라고 부탁했는데, 독립 유묵도 일본 교도관에게 준 것이에요. 지금은 일본의 류코쿠 대학교가 소장하고 있지만, 이번 전시회를 위해 보내왔어요.

전시에서는 독립 유묵을 비롯해 국내외에 흩어져 있던 유묵 18점과 그의 삶과 관련된 자료 50여 점을 만날 수 있어요. 안중근 의사의 정신과 삶을 느낄 수 있는 이 전시회를 찾아 그의 독립을 향한 뜨거운 마음을 만나 보면 어떨까요?

● **처단**(處 처리할 처, 斷 끊을 단) 결단을 내려 처치하거나 처분함.

● **의거**(義 옳을 의, 擧 들 거) 정의를 위하여 개인이나 집단이 의로운 일을 함.

● **유해**(遺 남길 유, 骸 뼈 해) 죽은 사람의 몸을 태우고 남은 뼈. 또는 무덤 속에서 나온 뼈.

● **유묵**(遺 남길 유, 墨 먹 묵) 생전에 남긴 글씨나 그림.

생각 넓히기 ✏️

1. 적용 및 추론하기

1 다음 중 잘못 추론한 것을 찾아 기호를 써 보세요.

> ㉠ 안중근 의사는 1910년에 사형을 당했을 것이다.
> ㉡ 15년 전에 유묵이 한국에 온 적이 있었을 것이다.
> ㉢ 안중근 의사의 유묵은 그의 유해와 함께 묻혀 있었을
> 것이다.

글에서 찾은 단서를
바탕으로 새로운 내용을
추론하면 글의 내용을
더 깊이 이해할 수
있어.

2 다음을 보고 기사에서 사용된 '의사'의 뜻을 추론해
보세요.

> 독립운동가를 의사, 열사, 지사 등으로 부릅니다.

① 병을 고치는 것을 직업으로 하는 사람
② 무력을 써서 독립운동을 하다 목숨을 잃은 사람
③ 무력을 쓰지 않고 독립운동을 하다 목숨을 잃은 사람
④ 일제 강점기 때, 일제를 지지하고 옹호하여 따른 사람

안중근 의사가
어떤 방식으로
독립운동을 했는지
잘 생각해 봐.

지식 ○○ 톡톡

안중근 의사 손도장의 네 번째 손가락이 짧은 까닭은?

안중근 의사의 유묵에 찍힌 왼손 손도장을 보면 네 번째 손가락
이 새끼손가락만큼 짧아. 그 이유는 1909년에 안중근 의사가
11명의 독립운동가와 함께 이토 히로부미와 친일파를 처단하
고 나라의 독립을 위해 목숨을 바치겠다고 맹세하면서 네 번째
손가락 한 마디를 끊었기 때문이야. 이후 이 손도장은 독립운동
가들의 상징이 되었어.

안중근

─ 테이프로 벽에 붙인 바나나가 86억 원! ─ 예술인가 코미디인가?

1917년, 마르셀 뒤샹이 남성용 소변기를 「샘」이라는 작품으로 전시했어요. 이처럼 완성된 형태보다 작품에 담긴 아이디어를 중시하는 미술을 '개념 미술'이라고 해요.

미술관 벽에 회색 테이프로 노란 바나나 하나가 붙어 있어요. 누가 먹으려고 붙여 둔 건가 싶겠지만, 이 바나나는 놀랍게도 86억 7,000만 원짜리 미술 작품이에요. 금으로 만든 것도 아닌, 흔히 볼 수 있는 진짜 바나나가 말이지요. 이게 도대체 무슨 일일까요?

이 작품은 이탈리아 미술가 마우리치오 카텔란이 2019년에 발표한 「코미디언」이에요. 벽에 회색 테이프로 바나나 하나를 붙여 놓은 이 작품은 무엇이 진정 가치 있는지 되돌아보라는 메시지를 담고 있어요. 카텔란은 제목인 「코미디언」이 자신을 의미하며, 이 작품으로 예술과 코미디의 **경계**를 허물고 웃음을 통해 깊은 생각을 이끌어 내고 싶었다고 해요. 사람들은 이 작품을 신선하게 받아들였지요. 작품 가격은 처음 2억 원에서 점점 올라, 2024년 11월 20일 경매에서 86억 7,000만 원에 팔렸어요.

이 작품을 산 사람은 바나나, 접착테이프, 바나나 교체 방법을 담은 설치 안내서와 **진품** 인증서를 받았어요. 재미있게도 이 바나나는 과일 가판대에서 500원에 산 것이었지요. 더 놀라운 건 구매자가 바나나를 먹어 버리겠다고 한 거예요. 실제로 전시된 바나나를 관람객이 먹어 버린 일이 여러 번 있었지요. 카텔란은 그조차도 작품의 일부라고 했어요. 이 모든 과정을 지켜본 사람들은 그의 **의도**대로 '예술이란 무엇인가?'에 대해 깊이 생각하게 되었답니다.

● **경계**(境 지경 경, 界 지경 계) 사물이 어떠한 기준에 의하여 분간되는 한계.

● **진품**(眞 참 진, 品 물건 품) 진짜인 물품.

● **의도**(意 뜻 의, 圖 꾀할 도) 무엇을 하고자 하는 생각이나 계획. 또는 무엇을 하려고 꾀함.

생각 넓히기 ✏️

1. 적용 및 추론하기

1 「코미디언」을 구매한 사람은 왜 구매했을지 알맞게 추론한 것은 무엇인가요?

추론은 글에 제시된 근거를 바탕으로 해야 해.

① 바나나가 세상에서 유일한 바나나였기 때문일 것이다.
② 작품에 담긴 의미를 높게 평가했기 때문일 것이다.
③ 바나나 먹는 것을 무척 좋아했기 때문일 것이다.
④ 배가 고팠기 때문일 것이다.

2 카텔란은 자신의 작품을 보는 사람이 어떻게 반응할 것이라고 예상했을지 추론해 보세요.

두 번째 문단에서는 작가의 의도를 확인할 수 있어.

① 전시된 바나나를 먹어 버리는 사람은 절대 없겠지?
② 바나나를 보고 사람들이 깊은 생각을 하게 되겠지?
③ 아무도 이 작품을 봐 주지 않겠지?
④ 코미디언들이 이 작품을 보러 오겠지?

지식 ○─○ 톡톡

사람까지 벽에 붙여 버린 카텔란의 작품 「완벽한 하루」

카텔란은 자신의 작품을 전시하고 팔아 주는 갤러리스트 카를로를 대상으로 「완벽한 하루」라는 작품을 만들었어. 카를로에게 완벽하게 쉬는 하루를 선물하고, 예술을 돈 받고 파는 일을 멈춘다는 의미로 그를 벽에 붙인 작품이었지. 카를로도 동의해서 만든 작품이었지만, 완벽한 하루가 되기는커녕 그는 결국 기절해서 병원에 실려 갔다고 해.

우리나라 '장 담그기 문화', 유네스코 인류 무형 문화유산 지정

인류 무형 문화유산은 유네스코가 각 나라의 전통 기술, 풍습, 예술 등 보호할 가치가 있는 유산을 선정한 것으로, 우리나라는 23개가 지정되어 있어요.

요즘은 공장에서 만든 된장, 간장, 고추장 등을 사 먹는 일이 많아 '장 담그기'를 본 적 없는 어린이가 많아요. 장 담그기는 삶은 콩을 찧어 네모나게 빚어 말린 메주로 된장, 간장, 고추장을 만드는 전통적인 방법이에요. 소금물에 메주와 숯 등을 넣어 항아리에 담아 **발효**한 후, 걸러낸 물을 끓이면 간장이 되고, 남은 메주는 된장이 돼요. 그리고 남은 메주에 고춧가루 등을 섞으면 고추장이 된답니다. 이런 방식은 오랜 세월 이어져 온 우리 전통이며, 세계적으로도 가치를 인정받았어요.

2018년, 우리나라는 장 담그기를 국가 무형유산으로 지정했어요. 이어 2022년, 유네스코에 등재 신청서를 제출하며 이 문화를 세계에 알리려 노력했지요. 그 결과 2024년 12월 3일, 장 담그기 문화가 유네스코 인류 무형 문화유산에 **등재**되었어요. 이 문화는 장을 만드는 지식과 기술, 정신뿐만 아니라 가족이 함께 참여하며 화목을 **도모**하는 점에서 높이 평가되었어요. 유네스코는 장 담그기가 "공동의 행위를 통해 공동체의 평화와 **소속감**을 조성한다."라고 했지요.

이번 등재로 우리나라 인류 무형 문화유산은 판소리, 강강술래, 김장 문화, 씨름, 탈춤 등을 포함해 총 23개가 되었어요. 국가유산청장은 장 담그기의 등재가 우리 음식 문화에 대한 자부심을 키우고, 이를 더욱 소중히 여기는 계기가 되길 바란다고 전했어요.

● **발효**(醱 발효할 발, 酵 삭힐 효) 미생물이 곡식이나 우유 등을 분해하여 술, 된장, 간장, 치즈 등을 만드는 작용.

● **등재**(登 오를 등, 載 실을 재) 일정한 사항을 장부나 기록에 올림.

● **도모**(圖 꾀할 도, 謀 꾀할 모) 어떤 일을 이루기 위하여 대책과 방법을 세움.

● **소속감**(所 것 소, 屬 엮을 속, 感 느낄 감) 자신이 어떤 집단에 소속되어 있다는 느낌.

 생각 넓히기 ✏️

2. 나의 생각 정리하기

1 외국인 친구에게 우리나라의 음식 문화를 소개하는 글을 써 보세요.

정확한 내용을 바탕으로 설명하고, 친구가 흥미를 가질 수 있도록 재미있게 표현해 봐.

---

2 우리나라의 전통문화 중 한 가지를 골라 유네스코에 추천하는 글을 써 보세요.

우리나라의 전통문화 중에서 보호하고 널리 알리고 싶은 것이 무엇인지 고민해 봐.

> 윷놀이, 세배, 높임말, 쥐불놀이, 연날리기, 성묘, 돌잡이, 부럼 깨기, 제기차기, 투호

🤓 지식 ○○ 톡톡

'돌솥비빔밥'이 중국 문화라고?
유네스코 인류 무형 문화유산 등재를 노리는 중국

유네스코 인류 무형 문화유산에 선정되려면 먼저 그 문화가 해당 나라의 무형유산으로 지정되어 있어야 해. 그런데 중국에서는 우리 민족인 조선족이 가진 전통문화를 중국의 무형유산으로 등록하고 있어. 예를 들어, 돌솥비빔밥, 김치, 윷놀이, 널뛰기, 씨름 등이 이미 중국 무형유산으로 지정되었지. 중국은 이를 바탕으로 유네스코에 중국 문화로 등재 신청을 할 가능성이 있다고 해.

무궁화 땅의 그림 모은 보물 책 『근역화휘』 최초 공개

전형필은 일제 강점기에 우리 문화재를 지키고 독립운동을 지원한 인물이에요. 그가 세운 '간송미술관'의 이름은 전형필의 호인 '간송(澗松)'에서 따왔어요.

▲ 오세창

일제 강점기와 한국 전쟁의 혼란 속에서 간송 전형필은 전 재산을 털어 우리 문화재를 **수집**하고 보존했어요. 그의 노력 덕분에 우리나라의 귀중한 보물들이 지켜질 수 있었지요. 그런데 전형필에게 문화재의 중요성을 일깨워 주고 **안목**을 길러 준 스승이 있었어요. 그는 바로 3.1운동 당시 우리 민족을 대표해 독립을 선언한 민족 대표 33인 중 한 사람인 위창 오세창이에요. 오세창은 우리 미술을 알아보는 뛰어난 눈으로 흩어진 그림을 모으고 연구하며 정리했지요.

2024년 10월부터 12월까지 간송미술관에서 열린 전시회에서는 오세창이 모아 만든 그림책『근역화휘』가 100년 만에 처음으로 공개되었어요. '근역(槿域)'은 '무궁화가 많은 땅', '화휘(畵彙)'는 '그림 모음'을 뜻해『근역화휘』는 '무궁화가 많은 땅의 그림 모음'이라는 의미를 담고 있어요. 이번에 전시된『근역화휘』는 7권, 1권, 3권으로 구성된 3가지 종류의 책으로, 오세창이 직접 모은 고려 시대부터 **근대**까지의 중요한 글씨와 그림이 담겨 있지요. 특히 고려 시대 공민왕이 그린 「이양도」(양 그림) 등 대표 작품 46점이 전시되어 많은 이들의 관심을 받았어요.

이번 전시에서는『근역화휘』뿐 아니라, 오세창과 전형필이 모은 작품 108점도 함께 선보였어요. **관람**객들은 우리나라의 귀중한 그림들을 한자리에서 볼 수 있는 특별한 기회였다고 입을 모았지요.

● **수집**(蒐 모을 수, 集 모을 집) 어떤 물건이나 자료를 찾아서 모음.

● **안목**(眼 볼 안, 目 눈 목) 사물을 보고 분별하는 견문과 학식.

● **근대**(近 가까울 근, 代 시대 대) 역사의 시대 구분의 하나로, 중세와 현대 사이의 시대.

● **관람**(觀 볼 관, 覽 볼 람) 연극, 영화, 운동 경기, 미술품 등을 구경함.

정답 및 해설 173쪽

 생각 넓히기 ✏️

2. 나의 생각 정리하기

1 '근역화휘'는 '무궁화가 많은 땅의 그림 모음'이라는 뜻을 담고 있습니다. 여기서 '무궁화가 많은 땅(근역)'은 대한민국을 의미합니다. 여러분도 우리나라에 어울리는 별명을 지어 보고, 그 의미를 써 보세요.

우리나라에는 어떤 특징이 있는지 생각해 봐.

내가 만든 대한민국의 별명:

의미:

2 지금은 평범한 물건이지만, 후손에게 꼭 물려주고 싶은 나의 소중한 물건 3가지를 써 보세요.

지금은 평범하게 보이는 물건도 100년 뒤에는 소중한 유물이 될 수 있어.

①
②
③

지식 ○○ 톡톡

세종대왕이 만든 '훈민정음'을 지켜 낸 간송 전형필

일본이 우리 글과 말을 못 쓰게 하고 문화재를 빼앗아 가던 때, '훈민정음 해례본'이 발견되었다는 소식을 들은 전형필은 기와집 10채 값에 이 책을 사 왔어. 한국 전쟁 때도 이 책을 몸에서 떼지 않고 지켜냈고, 덕분에 훈민정음 해례본이 지금 우리나라에 남아 있게 된 거야. 이 밖에도 전형필이 지켜 낸 수많은 문화재가 간송미술관에 있어.

옥 쌤의 쓱쓱 어휘

소속감	청사진	협회
어떤 집단에 소속되어 있다는 느낌	미래에 대한 희망적인 계획이나 구상	같은 목적을 가진 사람들이 세운 모임

해소	의도
문제가 되는 상태를 해결함	무엇을 하고자 하는 생각

글, 그림, 음악 등으로 지구촌 문제를 (문제가 되는 상태를 해결함)하려는 문화 예술인들이 있어요. 이들은 작품에 (무엇을 하고자 하는 생각)을/를 담아 메시지를 전하거나, (같은 목적을 가진 사람들이 세운 모임)을/를 만들어 (어떤 집단에 소속되어 있다는 느낌)을/를 느끼며 활동해요. 또 미래에 대한 (미래에 대한 희망적인 계획이나 구상)을/를 제시하면서 사회에 긍정적인 변화를 이끌고 있어요.

★ 위의 문장을 알맞은 어휘를 사용하여 바꾸어 볼까요?

글, 그림, 음악 등으로 지구촌 문제를 _____하려는 문화 예술인들이 있어요. 이들은 작품에 _____을/를 담아 메시지를 전하거나, _____을/를 만들어 _____을/를 느끼며 활동해요. 또 미래에 대한 _____을/를 제시하면서 사회에 긍정적인 변화를 이끌고 있어요.

팽팽 토론

공원이나 강변에서 사람들이 함께 모여 달리는 러닝 크루가 인기를 끌고 있어요. 하지만 일부 장소에서는 러닝 크루가 다른 사람들에게 피해를 준다는 이유로 무리 지어 달리는 것을 금지하고 있지요. 여러분은 이에 대해 어떻게 생각하나요?

무리 지어 달리는 것을 금지해야 할까? 아니면 금지하지 말아야 할까?

저는 무리 지어 달리는 것을 금지해야 한다고 생각해요.

왜냐하면 많은 사람이 함께 달리면서 공간을 지나치게 차지하거나 소음을 발생시켜 다른 사람들에게 불편을 줄 수 있기 때문이에요.

저는 무리 지어 달리는 것을 금지하면 안 된다고 생각해요.

왜냐하면 무리 지어 달리는 것을 금지하는 것보다는, 서로 배려하는 방법을 알리는 캠페인이나 적절한 안내를 통해 문제를 해결할 수 있기 때문이에요.

저는

왜냐하면

띵똥 쉬는 시간

정답 173쪽

2024년 10월 10일, 가족들과 텔레비전으로 뉴스를 보다가 깜짝 놀랄 만한 소식을 들었어. 바로 한국에서 노벨 문학상 수상자가 나왔다는 소식이었지. 그 주인공은 한강 작가로, 아시아 여성 작가로는 처음으로 이 상을 받았다고 해. 드라마와 음악 등으로 세계의 주목을 받아 온 한국 문화가 이제 문학으로도 인정받았다고 생각하니 정말 뿌듯했어.

한강 작가가 받은 상은 무엇인지 글자들을 순서대로 연결해서 미로를 통과해 봐.

똑똑한 신문 어휘

교육부에서 지정한 필수 교과 어휘에는 ★표시하였습니다.

ㄱ

157

1장 과학·기술·환경 이슈

가방 메고 물 만들러 나가 볼까? 15쪽

1 물 / 들고 다닐 수 있는 **2** 부족
3 개발

1 • 수분은 축축한 물의 기운을 의미해요.
  • 휴대용은 손에 들거나 몸에 지니고 다닐 수 있도록 만든 물건을 뜻해요.
2 부족은 필요한 양이나 기준에 미치지 못해 충분하지 않음을 의미해요.
3 한국 기계 연구원은 세상에 없던 '물 수확기'를 개발했어요.

우주복 입으면 소변은 어떡하나? 이제 식수로 바꾼다! 17쪽

1 ④ **2** ④

1 우주복에서 '복'은 옷을 의미해요.
2 식수는 '먹다'라는 뜻의 '식'과 '물'을 뜻하는 '수'가 합쳐진 단어예요.

동영상을 휙휙 넘기고, 빨리빨리 넘기면 더 지루하다고? 19쪽

1 디지털 스위칭, 동영상
2 제 속도, 의미

1 기사의 각 문단은 디지털 스위칭과 관련된 연구 결과를 소개해요.
2 두 번째 문단에서는 동영상을 보는 방식과 지루함의 관계를 알아보는 실험 결과를 다루고 있어요.

서울에 '바나나' 열렸다! 한국은 이제 열대 기후? 21쪽

1 ① **2** 기후 변화

1 ⓒ 문단에서는 서울에서 바나나가 열린 이유가 지구 온난화로 인한 기후 변화 때문임을 설명해요.
2 ⓒ 문단에서는 서울에서 바나나가 자랄 정도로 심각해진 기후 변화 문제에 대한 우려를 담고 있어요.

뇌 속에 칩을 넣으면 생각만 해도 글이 써진다고? 23쪽

1 ④ **2** 뇌, 신호

1 'MiBMI'의 정확도는 91%라고 밝혀졌어요.
2 뇌에 심거나 몸에 착용한 장비에 붙인 칩이 뇌에서 나오는 독특한 신호를 감지해 사용자가 생각한 글자를 찾아내요.

고질라 젓가락, 우주선 로켓을 잡았다! 25쪽

1 지구, 우주 / 가볍게 / 예전에는, 버렸다
2 슈퍼헤비 / 메카질라 / 첫

1 부스터의 역할은 우주선이 지구를 벗어나 우주로 나아가도록 돕는 거예요. 임무를 다한 부스터는 우주선을 가볍게 하기 위해 분리되어 바다에 버려졌었어요.
2 스타십의 부스터 로켓의 이름은 '슈퍼헤비', 스타십이 발사된 발사대의 이름은 '메카질라'예요.

○○○○, 분홍빛 물결의 습격!
○○ 식물들 밀려날 수도…　**27쪽**

1 핑크뮬리, 토종　**2** ②

2 이 기사는 우리나라 토종 식물을 밀어낼
위험이 큰 핑크뮬리의 재배가 다시 증가
하고 있는 상황을 다루고 있어요.

"나와라 가제트 만능 팔!"
새로운 인공 근육으로 실현되나?　**29쪽**

1 8 / 1000 / 로봇
2 ㉎ 울산 과학 기술원 연구팀은 고무처
럼 8배 이상 늘어나면서도 자동차 무
게까지 견딜 수 있는 새로운 인공 근
육을 개발했다.

1 이 기사는 울산 과학 기술원(UNIST) 연
구팀이 개발한 인공 근육에 대한 내용을
담고 있어요.
2 기사에 나온 핵심 단어를 이용해 글을
한 문장으로 정리할 수 있어요.

멸종 위기 '표범장지뱀', '맹꽁이'
중랑천에 돌아왔다!　**31쪽**

1 귀뚜라미, 개구리, 뜸부기
2 환경 / 먹이 / 사람

1 귀뚜라미: 귀뚤귀뚤
개구리: 개굴개굴
뜸부기: 뜸북뜸북
2 표범장지뱀이 돌아온 이유는 살 집(모래
언덕)과 먹이(귀뚜라미)가 생겼으며, 사람
들의 발길이 줄어들었기 때문이에요.

오늘도 썼는데 어쩌나…,
발암 물질 나오는 검은색 플라스틱　**33쪽**

1 ④　**2** 암 / 발달 / 금지

1 이 기사에서는 일본의 난연제 규정을 확
인하기 어려워요.
2 난연제는 건강에 위험한 화학 물질로,
여러 나라에서 사용을 금지하거나 제한
하고 있어요.

김밥 먹고 뻥튀기도 먹고,
칭찬받은 '뻥튀기 접시'　**35쪽**

1 ㉎ 산 음식뿐만 아니라 접시까지 먹을
수 있다. 환경을 지킬 수 있다.
㉎ 쉽게 부서진다. 오래 지나면 눅눅해
진다.
2 ㉎ 개인용 컵 / 개인용 컵을 사용한 후 다
시 가져가도록 안내한다.
㉎ 종이 포장지 / 비닐 대신 종이 포장지
를 사용해 쉽게 재활용한다.

2 주어진 물건의 사용을 줄이는 방법에는
무엇이 있을지 생각해 보세요.

새처럼 걷고 뛰다가 땅을 박차고
날아오르는 로봇 나왔다!　**37쪽**

1 ㉎ 자연재해가 발생했을 때 사람의 접
근이 어려운 지역에서 구조 작업을
돕는 데 사용한다.
2 ㉎ 단풍나무 씨앗 / 빙글빙글 돌며 하늘
을 남 / 헬리콥터의 프로펠러

1 새 로봇의 다리는 드론의 무게를 버틸 만
큼 튼튼하면서도 자유롭게 움직일 수 있
도록 두 개의 관절로 만들어졌어요.

옥 쌤의 **쑥쑥** 어휘　**38쪽**

서식지, 연구, 정수, 친환경, 재배

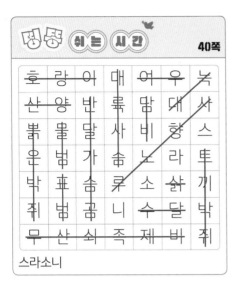

쉬는 시간   **40쪽**

호	랑	이	대	어	우	녹
산	양	반	록	담	대	사
북	북	달	사	비	형	스
운	범	가	솔	노	라	트
박	표	솔	류	소	삵	끼
쥐	범	곰	니	수	달	박
무	산	쇠	족	제	바	쥐

스라소니

2장 사회·정치 이슈

**사망 사고까지 일으키는 전동 킥보드,
이대로는 안 된다!**   **43쪽**

1 전기, 움직   **2** ②

1 전기로 움직이는 킥보드를 전동 킥보드라고 하고, 사람이 직접 발을 굴려 움직이는 킥보드를 수동 킥보드라고 해요.
2 기사에서 부상자는 전동 킥보드 사고로 인해 다친 사람을 뜻해요.

**남의 사진으로 장난치면 안 돼요!
무서운 '딥페이크 범죄'**   **45쪽**

1 페이크   **2** 딥페이크 범죄 - 처벌

1 이 기사는 딥페이크로 인해 발생한 문제를 다루고 있어요.
2 남의 사진으로 가짜 사진을 만드는 것은 장난이 아니라 범죄가 될 수 있어요. 범죄를 저지르면 처벌을 받아요.

**소방관에 이어 경찰도 카메라 달자,
이번엔 선생님?**   **47쪽**

1 (교차선)   **2** ㉡ / ㉢ / ㉢ / ㉡

1 각 문단의 첫 문장이 중심 문장이에요.
2 이 기사는 보디 캠에 대한 찬성과 반대 의견을 소개하고 있어요.

**불안한 전기차,
지하 주차장에 주차해도 될까?**   **49쪽**

1 ( )
(○)
( )   **2** 지하, 화재 / 주차, 금지 /
금지, 어렵다

1 ㉠ 문단에서는 지하 주차장에서 전기차 화재 사건이 많이 발생하고 있다는 점을 알리고 있어요.
2 ㉡ 문단에서는 지하 주차장에서 전기차 주차를 금지해야 한다는 주장을, ㉢ 문단에서는 전기차 주차를 금지하기 어렵다는 주장을 담고 있어요.

**60대 인구수, 40대 앞질러…,
늙어 가는 대한민국의 미래는?**   **51쪽**

1 〉   **2** ④   **3** 늘어났는데, 줄어들었기

1 2024년에는 60대 인구수가 40대 인구수보다 1,214명 많았어요.
2 ① 우리나라는 2018년에 고령 사회에 들어섰어요.
② 2025년에는 인구 5명 중 1명이 65세 이상이 될 거예요.
③ 국가 인구수를 유지하는 데 필요한 출생률은 2.1명이에요.
3 나이 든 사람이 늘고 새로 태어나는 아기가 줄면 고령화가 심해져요.

'반려동물 보유세' 만들어야 하나,
말아야 하나?　　　**53쪽**

1 ④　**2** 찬성 / 반대 / 찬성 / 반대

1 마지막 문단을 살펴보면 2025년 1월에 열릴 제3차 동물 복지 종합 계획 수립 과정에서 반려동물 보유세를 만들지 검토하겠다고 언급하고 있어요.

"뻔한 축제는 시시해요."
재치 있는 지역 축제가 뜬다!　　　**55쪽**

1 김천 - 김밥 축제 / 원주 - 만두 축제 /
구미 - 라면 축제
2 뻔한, 재치, 기획

1 두 번째 문단에서는 김천의 김밥 축제, 세 번째 문단에서는 원주의 만두 축제와 구미의 라면 축제에 대해 이야기하고 있어요.
2 이 기사는 기존의 뻔한 지역 축제와 달리 사람들의 관심을 끄는 독특하고 재치 있는 축제를 소개하고 있어요.

귀여운 강아지 미용 뒤에
숨겨진 슬픈 이야기　　　**57쪽**

1 학대　**2** ④

1 두 번째 문단에서는 애견 미용 실습용 강아지들이 밥조차 제대로 먹지 못한 채 실습장으로 끌려가고, 실습 과정에서 미용 도구에 다치거나 스트레스로 병이 난다고 이야기하고 있어요.
2 이 기사는 애견 미용 실습으로 고통받는 강아지들의 현실에 대해 다루고 있어요.

"나라를 지켜 주셔서 감사합니다!"
군인에게 감사 전하는 시민들　　　**59쪽**

1 ④　**2** ③

1 선의를 베푼 시민들에게 군인은 고마움을 느꼈을 거예요. 또한 군인으로서 자부심과 보람도 느꼈을 거예요.
2 좋은 일을 하고도 자신의 선행을 드러내지 않는 모습에서 도움을 준 사람들의 진심과 겸손한 마음을 엿볼 수 있어요.

대한민국이 발칵 뒤집혔다!
'비상계엄'이 뭐길래?　　　**61쪽**

1 2, 1, 5, 3, 4　**2** ②

1 대통령의 비상계엄 선포
→ 국회의사당에 헬기 착륙
→ 국회의원이 대통령에게 비상계엄 해제 요구
→ 비상계엄 해제 → 대통령 탄핵안 통과
2 우리나라에서는 권력이 정부(대통령), 국회, 법원으로 나누어져 있어요. 이를 삼권 분립이라고 해요.

2025년부터 AI 디지털 교과서
쓴다는데…, 찬성과 반대 뜨거워　　　**63쪽**

1 맞춤 / 답 / 재미, 효과 / 의존 / 사고, 문해
2 ⑩ 찬성 / 모르는 것에 대해 바로바로 답을 얻을 수 있고, 재미있고 효과적인 학습을 할 수 있기 때문이다.

1 AI 디지털 교과서에 대한 찬성 의견은 두 번째 문단에서, 반대 의견은 세 번째 문단에서 확인할 수 있어요.

불만 많은 '학생 선수 최저학력제',
일단 미뤄지긴 했는데…   65쪽

1 ㉯, ㉰, ㉱ / ㉮, ㉬, ㉭
2 ㉮ 찬성 / 선수들이 운동을 포기하고 다
른 길로 가는 경우도 많기 때문에 이
제도는 필요하다고 생각한다.

1 학생 선수 최저학력제에 대한 찬성 의견
은 ㉯, ㉰, ㉱에서, 반대 의견은 ㉮, ㉬, ㉭
에서 찾을 수 있어요.

옥 쌤의 쏙쏙 어휘   66쪽

도입, 과도, 심각성, 제재, 대책

펑퐁 쉬는 시간   68쪽

3장 경제 이슈

소시지 잘 팔리는 미국,
미국 경제의 어두운 신호   71쪽

1 ③   **2** ㉮ 연필, 샤프

1 식료품비는 음식의 재료가 되는 물품을
사는 데 드는 돈을 의미해요.

2025년 최저 임금 '1만 30원',
모두가 불만인 까닭은?   73쪽

1 ②   **2** ③

1 ② 임금은 '왕'을 의미해요.
①, ③, ④에서 임금은 '일을 하고 받는
돈'을 뜻해요.
2 시간당에서 '당'은 '마다'의 뜻을 더하는
접미사예요. 이와 다른 의미를 가진 '당'
을 찾으면 ③ 강당이에요.

프로 야구 천만 관중 돌파!
'가성비', '가심비' 다 잡았다   75쪽

1 ③   **2** 가성비 / 가심비

1 첫 번째 문단에서는 프로 야구의 누적
관중 수가 1,000만 명을 넘어섰다는 내
용을 소개하고, 두 번째와 세 번째 문단
에서는 그 이유를 분석하고 있어요.
2 프로 야구의 인기 이유로 두 번째 문단
에서는 '가성비'를, 세 번째 문단에서는
'가심비'를 들고 있어요.

"빌려줄 때 이자 더 받아요." 은행이 돈 버는 금리의 세계   **77쪽**

1 예금한, 대출한 / 〉   **2** 내렸다

1 은행은 예금한 사람에게 주는 이자보다 대출한 사람에게서 더 많은 이자를 받아 수익을 얻어요.

2 ⓒ 문단에서는 한국은행이 3.5%였던 기준 금리를 3.25%로 내렸다고 이야기하고 있어요.

요즘 젊은이들은 '욜로'가 아니라 '요노'랍니다   **79쪽**

1 ③   **2**

1 욜로가 가고 요노가 유행한 이유는 높은 물가 때문이에요.

2 욜로는 '한 번뿐인 인생에서 돈을 아끼지 말자'는 문화를, 요노는 '꼭 필요한 것만 사서 현명한 소비를 하자'는 문화를 뜻해요.

세뱃돈 저축하러 은행에 갔는데, "어? 예금, 적금이 뭐지?"   **81쪽**

1 이자 / 한 번에, 나눠   **2** ④

1 예금과 적금은 모두 이자를 받을 수 있는 저축 방법이에요. 예금은 한 번에 저축하고, 적금은 매달 약속한 금액을 나눠 저축한다는 차이가 있어요.

2 저축해 두었다가 나중에 큰돈을 받으려면 한 번에 저축하고 높은 이자를 받을 수 있는 정기 예금을 선택하는 것이 좋아요.

○○○ 도박, 어린이도 위험하다!   **83쪽**

1 온라인   **2** ②   **3** ①

1 이 기사는 어린이들의 온라인 도박 문제를 다루고 있어요.

2 이 글은 어린이를 대상으로 한 기사예요.

3 글쓴이는 마지막 문단에서 온라인 도박을 절대 하지 말아야 한다고 강조하고 있어요.

흔해지고 맛없어지고, 샤인 머스캣 인기 뚝! 가격 뚝!   **85쪽**

1 비싸게, 공급   **2** 품질

1 판매되는 물건의 수가 많아지면 가격은 낮아지고, 사려는 사람의 수가 많아지면 가격은 높아져요.

2 샤인 머스캣의 맛(품질)은 소비자들이 가장 중요하게 여기는 요소예요.

팍팍한 살림살이에 서민들 못 갚은 빚만 늘어…   **87쪽**

1 ③   **2** ⓐ, ㉮, ㉣

1 두 번째 문단에서는 2024년 8월 말 기준 국내 은행의 대출 연체율이 0.53%로, 전년 같은 기간보다 0.1%p 올랐다고 쓰여 있어요.
따라서 2023년 8월 말 기준 연체율은 0.43%였을 것으로 추론할 수 있어요.

2 은행 빚이 연체되면 은행 거래가 어려워져요. 그러면 서민들은 돈을 마련하기 위해 불법으로 돈을 빌려주는 업체를 찾게 될 가능성이 커지며, 이는 더 큰 경제적 어려움으로 이어질 수 있어요.

‘미투 상품’ 이렇게 똑같이 만들어도
괜찮은 걸까?　　　　　　　　**89쪽**

1 ④　**2** ③

1 두 번째 문단에서는 인기 있는 상품과
비슷하게 만든 미투 상품으로 소비자의
구매를 유도한다고 쓰여 있어요.
2 미투 상품은 인기 상품을 따라 비슷하게
만든 제품이에요.
① 비슷하지 않은 상품으로 바꾼 예
② 원래 있던 상품을 다시 판매한 예
④ 새로운 상품을 출시한 예

영화 티켓은 할인받았는데…,
“어? 팝콘값이 왜 이리 비싸?”　　**91쪽**

1 ⑩ OTT로 / 집에서 편안하게 영화를 즐
길 수 있을 뿐만 아니라 원하는 시간
에 내가 선택한 영화를 자유롭게 볼
수 있기 때문이다.
2 ⑩ 영화 관련 기념품 / 영화의 팬들에게
특별한 추억을 선물할 수 있고, 영화
관의 수익도 높일 수 있기 때문이다.

1 영화관에서 영화를 보는 것과 OTT를 통
해 영화를 보는 것 중 어느 쪽을 더 좋아
하는지 그 이유를 들어 자신의 생각을
표현해 보세요.

물가는 오르고, 혼자 사는 사람 늘고…,
컵라면 10억 개 팔렸다　　　　**93쪽**

1 ⑩ 외식 물가가 낮아지고 2인 이상 가구
가 늘어나면 컵라면 수요는 줄고, 대
신 외식이나 대량 식재료 구매가 증
가할 것이다.
2 ⑩ 1인분씩 포장된 고기 / 1인분씩 간편
하게 요리할 수 있어서

2 소비를 아끼려는 1인 가구는 저렴하고
간편한 음식을 많이 찾는다고 해요. 이
를 참고해 어떤 물건을 팔면 좋을지 생
각해 보세요.

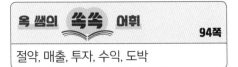

절약, 매출, 투자, 수익, 도박

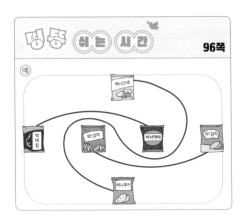

　**4장 세계 이슈**

세계는 지금 가짜 뉴스와 전쟁 중!　**99쪽**

1 국회의원, 처벌　**2** ⊢—⊣

1 국회는 우리나라의 법을 만드는 곳이에
요. 그곳에서 법을 만드는 역할을 하는
사람이 국회의원이에요.
2 다른 사람을 때린 사람은 ‘가해자’, 다른
사람에게 맞은 사람은 ‘피해자’라고 해요.

“탕! 탕!” 무서워서 어떻게 사나…,
미국은 왜 총을 허용할까?　　　**101쪽**

1 총기 사고
2 숨지다 - 죽다 / 전쟁 - 싸우다 / 총 - 총기

1 총으로 인해 발생하는 사고를 ‘총기 사
고’라고 해요.
2 기사의 문맥을 파악하여 비슷한 의미를
가진 단어끼리 선으로 이어 보세요.

중국, 비 만들다가 태풍급 강풍 맞았다!　103쪽

1 ④　**2** ③

1 첫 번째 문단의 중심 문장은 '충칭시에 태풍급 강풍이 불어 큰 피해가 발생했다.'라는 내용이에요.
나머지 문장은 중심 문장을 자세히 설명해 주고 있어요.
2 글쓴이는 인공 강우가 이상 기후를 일으킨 원인일 수 있다고 생각하고 있어요.

올림픽 실격과 맞바꾼 외침, "아프간 여성들에게 자유를!"　105쪽

1 　**2** ④

2 주어진 내용은 아프가니스탄 여성들이 현실에서 겪고 있는 고통스러운 문제 상황을 보여 주고 있어요.

'팁(TIP)' 때문에 골치 아픈 미국　107쪽

1 귀족, 하인 / 미국, 흑인 / 음식점　**2** ①

1 미국의 팁 문화는 유럽의 귀족이 하인에게 돈을 주던 관습을 미국 부자들이 따라 하면서 시작되었어요.
2 미국인 4명 중 3명은 팁이 지나치게 높다고 생각하고 있어요. 이를 나타내는 그래프를 찾으면 ①이에요.

부부가 같은 성을 쓰는 나라들　109쪽

1 ④　**2** ④

1 ① 미국에서는 결혼 후에도 부부가 성을 바꾸지 않아도 돼요.
② 일본에서는 '부부동성 제도'를 법으로 정해 두었어요.
③ 미국과 영국에는 부부가 같은 성을 써야 가족이라는 느낌이 강해진다는 전통적인 생각이 있어요.
2 자유롭게 성을 선택하자는 주장을 펼친 일본의 총리 후보는 선거에서 패배했어요.

○○들의 노벨상 '이그 노벨상', 올해는 어떤 연구가 받았나?　111쪽

1 괴짜
2 ㉔ 제34회 이그 노벨상 시상식에서 총 10개의 연구가 상을 받았는데, 이런 호기심이 과학 발전의 씨앗이 되기에 세계적으로 주목받는다.

1 이그 노벨상은 웃음을 주면서도 과학 발전의 씨앗이 되는 엉뚱한 연구에 주어지는 상이에요.
따라서 기사의 제목에 어울리는 단어는 '괴짜'예요.
2 각 문단의 중심 문장을 이용해 글을 한 문장으로 정리할 수 있어요.

세계의 어린이들 '멍청한 전화' 쓰는 이유는?　113쪽

1 영국 / 호주, 이탈리아, 미국 / 미국, 영국
2 ④

1 기사에서는 각 나라가 스마트폰으로부터 어린이를 보호하기 위해 어떤 노력을 하고 있는지 확인할 수 있어요.
2 세 번째 문단에서는 어린이를 스마트폰으로부터 보호하는 방법 중 하나로 '덤폰'을 소개하고 있어요.

1 내셔널 갤러리는 미술관 안에 분유나 약을 제외한 모든 액체류 반입을 금지했어요.
2 시위할 권리는 존중하지만, 문화재에 대한 공격은 반드시 중단돼야 한다는 국립 미술관장 협의회의 입장에서 글쓴이의 관점을 엿볼 수 있어요.

1 도널드 트럼프는 미국의 이익을 최우선으로 하는 '미국 우선주의'를 내세웠어요.
2 세 번째 문단을 살펴보면 미국이 전 세계에 큰 영향을 미친다는 점을 추론할 수 있어요.

1 예 크록스를 신는 것에 반대한다. / 크록스는 발을 단단히 고정하지 못해 달리거나 점프할 때 다칠 위험이 있기 때문이다.
2 예 ㉠ / 크록스는 운동 중에 발에서 쉽게 벗겨질 수 있고, 넘어지거나 발을 다칠 위험이 크기 때문이다.

1 체육 시간에 크록스를 신는 것에 대해 어떻게 생각하는지 그 이유를 들어 자신의 생각을 표현해 보세요.

1 예 환경 보호세 / 환경을 오염시키는 일회용 플라스틱 제품을 생산하거나 판매할 때 세금을 걷겠다.
2 예 내가 대통령이라면 초등학생들을 위해 학교의 체육 시설과 놀이터를 개선하는 데 세금을 쓰겠다.

1 나라에서 걷은 세금은 국민의 행복과 국가 운영을 위해 사용되고 있어요. 이를 고려해 국민이 납득할 수 있는 세금을 만들어 보세요.
2 초등학생을 위해 할 수 있는 일에는 무엇이 있을지 생각해 보세요.

골치, 난민, 자연재해, 인종 차별, 노출

연우

5장 문화·예술 이슈

BTS, 빌보드 '21세기 최고 팝스타'에 선정…, 그런데 빌보드가 뭐지? **127쪽**

1 ③   **2** ③

1 차트는 '순위표'라는 말로 바꿔 사용할 수 있어요.
2 주어진 문장에서 꿈은 이루고 싶은 희망이나 목표를 의미해요.

세계 최고 한국 양궁, 왜 이렇게 강한가? **129쪽**

1 ②   **2** ①

1 피땀은 무엇을 이루기 위해 애쓰는 노력과 정성을 비유적으로 표현한 말이에요.
2 양궁에서 '양'은 서양을 의미해요. 우리나라의 전통 활은 국궁이라는 이름으로 불려요.

배우는 사람 없어 국가 무형유산이 사라진다, '전승취약 종목' **131쪽**

1 이어받을, 무형유산
2 국가유산청, 지원 / 홍보, 지원

1 기술을 이어받을 사람이 없어 전통이 끊길 위험에 처한 무형유산을 전승취약 종목이라고 해요.
2 국가유산청에서 전승취약 종목을 지원하고 있지만, 전통을 이어 가기 위해서는 더 적극적인 홍보와 지원, 그리고 교육이 필요하다고 이야기하고 있어요.

'독수리' 대신할 우리말 태풍 이름은? **133쪽**

1 우경   **2** ②

1 공모는 일반에게 널리 공개하여 모집한다는 뜻이에요. '태풍 이름을 공모한다.'라는 말은 사람들에게 태풍 이름을 지을 기회를 제공했다는 의미예요.
2 세 번째 문단에서는 태풍 '독수리'가 중국과 필리핀에 큰 피해를 줘서 이름을 없애기로 했다는 내용을 확인할 수 있어요.

110년 만에 돌아온 항일 의병장들의 편지 **135쪽**

1 ②   **2** ④

1 두 번째 문단에서는 의병장들의 편지가 두 개의 두루마리로 묶여 있다고 이야기하고 있어요.
2 ① 의병장들이 쓴 글과 편지가 110년 만에 일본에서 조국으로 돌아왔어요.
② 국가유산청이 의병장들의 글과 편지를 구입했어요.
③ 일본 경찰이 의병장들의 글과 편지를 수집해 두루마리로 만들었어요.

제1회 전 국민 받아쓰기 대회 열렸다! 다음엔 우리도 나가 볼까? **137쪽**

1

별		볼		일		없	다	.

2 효성, 서진

1 '별∨볼∨일∨없다.'로 띄어 써야 해요.
2 • 10월 4일에 전 국민 받아쓰기 대회가 열렸어요.
• 1등인 '으뜸상'은 대구의 한 초등학교 체육 선생님이 받았어요.

1 기사의 내용을 가장 잘 나타내는 단어를 찾아보세요.
2 글쓴이는 러닝 크루 활동 중 다른 사람에게 피해를 주는 문제가 발생해, 서로를 배려하는 문화가 필요하다고 이야기하고 있어요.

1 이 기사는 한강 작가가 한국인 최초이자 아시아 여성 작가 최초로 노벨 문학상을 받은 내용을 다루고 있어요.
2 세 번째 문단에서는 어린이들이 한강 작가의 동화책을 읽으며 노벨 문학상을 꿈꾸면 좋겠다는 글쓴이의 의견이 드러나 있어요.

1 첫 번째 문단에서는 안중근 의사의 유해를 찾을 수 없었다고 이야기하고 있어요.
2 의사는 무력을 써서 독립운동을 하다 목숨을 잃은 사람을 의미해요. 그래서 안중근을 '의사'라고 불러요.
  ① 사람을 치료하는 의사
  ③ 열사
  ④ 친일파

1 작품에는 어디에서나 쉽게 구할 수 있는 바나나를 사용했어요. 즉, 「코미디언」을 구매한 이유는 작품에 담긴 의미를 높게 평가했기 때문일 것이라고 추론할 수 있어요.
2 카텔란은 이 작품으로 예술과 코미디의 경계를 허물고 웃음을 통해 깊은 생각을 이끌어 내고 싶었다고 해요.

1 ⑩ 우리나라 음식 문화는 발효 음식을 중심으로 오랜 전통을 이어 왔어. 특히, 된장, 간장, 고추장은 장 담그기를 통해 만들어지는데, 이 과정은 콩으로 만든 메주를 소금물과 함께 항아리에 넣어 발효시키는 전통적인 방법이야.
2 ⑩ 우리나라 전통문화 중 윷놀이를 추천해요. 윷놀이는 설날에 온 가족이 모여 즐기는 전통놀이로, 단순한 놀이를 넘어 가족과 공동체의 관계를 더 끈끈하게 만드는 역할을 해요.

1 우리나라의 다양한 음식 문화를 생각해 보고, 이를 소개하는 글을 써 보세요.

무궁화 땅의 그림 모은 보물 책
『근역화휘』 최초 공개   **149쪽**

1 ㉔ 무지개 나라 / 아름다운 자연과 사람
   들이 함께 어우러져서 무지개처럼
   밝고 희망찬 나라
2 ㉔ 가족 사진 앨범 / 내가 읽은 책들 /
   손으로 쓴 편지

1 한자어, 순우리말 등 다양한 단어를 사
   용해 우리나라에 어울리는 별명을 지어
   보세요.

150쪽

해소, 의도, 협회, 소속감, 청사진

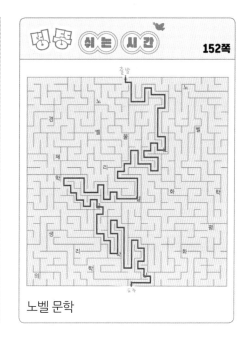

노벨 문학

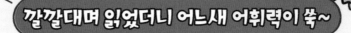

깔깔대며 읽었더니 어느새 어휘력이 쑥~

정신이 가족의 대화를 통해 쉽고 재미있게 익히는 **초등 국어 어휘** 학습 만화!

놓지 마 어휘
한자어 편

신태훈 · 나승훈 | 감수 정상은 | 각 권 184쪽 | 15,000원

◇ 교과서에 나오는 **필수 어휘 1,000 단어** 수록! ◇

◇ **국어 전문가**의 꼼꼼한 내용 감수! ◇

◇ 재미있는 **퀴즈와 예문**을 통해 새로 배운 어휘 바로 확인! ◇

어휘 걱정 끝~!

한자어의 원리를

깨우쳐 주는

워크북(80쪽)도 드려요!

* 〈놓지 마 어휘〉는 계속 출간됩니다!

묘하게 호감이 가!

好
좋을 호

호감好感 좋게 생각하는 감정.
호기심好奇心 새롭고 신기한 것을 좋아하거나 모르는 것을 알고 싶어 하는 마음.
호평好評 좋게 평가하는 것. 또는 그런 평가.

마왕! 널 해치우러 왔다!

모습을 드러내라!

어리석은 용사여…

호기심에 눈이 멀어 목숨을 거는군.

제 발로 죽고 싶다고 찾아왔으니

기꺼이 상대해 주마!

세상에! 의상이 너무 촌스러워!

하지만 볼수록 우아하고 묘하게 호감이 가!

보는 눈이 있군.

마왕들 사이에서 호평받은 의상이지.

제 용사 의상이랑 한 번만 바꿔 입어 보면 안 될까요?

[사진 출처]
● 한국기계연구원 가방형 물 수확기 14쪽
● EPFL(로잔연방공과대학교) 마이크로 뇌-기계 인터페이스(MiBMI) 22쪽
　　　　　　　　　　　레이븐(RAVEN) 36쪽
● 한국관광공사 구미 라면 축제 54쪽
● 국가유산청 〈한말 의병 관련 문서〉 노재훈의 문서 134쪽
　　　　　　〈한말 의병 관련 문서〉 첩지 및 두루마리 135쪽
　　　　　　경주 선덕 여왕릉 비석 135쪽
● 국립중앙박물관 유물보고서 135쪽
　　　　　　토지신고서 135쪽
(※그 외 셔터스톡, Wikimedia Commons)

공부 잘하는 아이의 똑똑한 신문 읽기 2

1판 1쇄 인쇄 | 2025. 1. 20.
1판 1쇄 발행 | 2025. 2. 6.

글 옥효진 | 기사 글 신가영 | 그림 그림숲

발행처 김영사 | **발행인** 박강휘
편집 문준필 이홍석 | **디자인** 스튜디오 헤이,덕 | **마케팅** 서영호 | **홍보** 조은우
등록번호 제 406-2003-036호 | **등록일자** 1979. 5. 17.
주소 경기도 파주시 문발로 197(우10881)
전화 마케팅부 031-955-3100 | 편집부 031-955-3221 | 팩스 031-955-3111

값은 표지에 있습니다.
ISBN 979-11-7332-069-9　73710

좋은 독자가 좋은 책을 만듭니다. 김영사는 독자 여러분의 의견에 힘싱 귀 기울이고 있습니다.
전자우편 book@gimmyoung.com | **홈페이지** www.gimmyoung.com